蕩化城之執教　廢草菴之滯情

妙法蓮華經玄義節要

開方便之權門　示真實之妙理

天台　智者大師◎說
章安尊者　灌頂◎記
蕅益比丘　智旭◎節

妙法蓮華經玄義節要卷上

天台智者大師說　章安尊者灌頂記
蕅益比丘智旭節

所言妙者妙名不可思議也所言法者十界十如權實之法也蓮華者譬權實法也良以妙法難解假喻易彰況意乃多略擬前後合成六也一爲蓮故華譬爲實施權文云知第一寂滅以方便力故雖示種種道其實爲佛乘二華敷譬開權蓮現譬顯實文云開方便門示眞實相三華落譬廢權蓮成譬立實文云正直捨方便但說無上道又蓮譬於本華譬於迹從

本垂迹迹依於本文云我實成佛來久遠若斯但敎化衆生作如是說我少出家得三菩提一華敷譬開迹蓮現譬顯本文云一切世間皆謂今始得道我成佛來無量無邊那由他劫三華落譬廢迹蓮成譬立本文云諸佛如來法皆如是爲度衆生皆實不虛是以先標妙法次喻蓮華蕩化城之執敎廢草菴之滯情開方便之權門示眞實之妙理會衆善之小行歸廣大之一乘上中下根皆與記莂又發衆聖之權巧顯本地之幽微故增道損生位鄰大覺一期化導事理俱圓蓮華之譬意在斯矣經者外國稱修多羅聖

教之都名。有翻無翻。事如後釋。記者釋曰。此叙經玄意。玄意述於文心。文心莫過本迹。仰觀斯旨。衆義泠然。妙法蓮華。卽叙名也。示眞實之妙理。叙體也。歸廣大之一乘。叙宗也。蕩化城之執教。叙用也。一期化圓叙教也。六譬叙本迹也。文略義周矣。

釋名第一。辨體第二。明宗第三。論用第四。判教第五。

釋此五章。有通有別。通則七番共解。別則五重各說。

就通則七番共解。一標章。二引證。三生起。四開合。五料簡。六觀心。七會異。標章令易憶持。起念心。故引證據佛語。起信心。故生起。使不襍亂。起定心。故開合料簡會畢等起慧心故觀心卽聞卽行起精進心故五心立成五根排五障成五力乃至入三脫門略說七重其意如此廣解五章者一一廣起五心五根令開示悟入佛之知見耳

初標五章標名者原聖建名蓋爲開深以進始咸令視聽俱得見聞尋途趣遠而至於極故以名名法施設衆生但法有麤妙若隔歷三諦麤法也圓融三諦妙法也此妙諦本有文云是法住法位世間相常住唯我知是相十方佛亦然尙非不退菩薩入證二乘所知況復人天羣萠之類佛雖知是不務速說文云

我若讚佛乘衆生沒在苦謗法不信故墜於三惡道所以初教建立融不融小根併不聞次教建立不融大根都不用次教俱建立以融斥不融令小根恥不融慕於融次教俱建立令小根寄融向不融令大根從不融向於融雖種種建立施設衆生但隨他意語非佛本懷故言不務速說也今經正直捨不融但說於融令一座席同一道味乃暢如來出世本懷故建立此經名之爲妙當知華嚴兼三藏但方等對般若帶此經無復兼但對帶專是正直無上之道故稱爲妙法也蓮華例有麤華云何麤狂華無果或一華多

果或多華一果或一華、一果或前果後華或前華後果初喻外道空修梵行無所尅獲次喻凡夫供養父母報在梵天次喻聲聞種種苦行止得涅槃次喻緣覺一遠離行亦得涅槃次喻須陀洹却後修道次喻菩薩先藉緣修生後眞修皆是麤華不以爲喻蓮華多奇爲蓮故華華實具足可喻即實而權文華開蓮現可喻即權而實文華落蓮成蓮成亦落可喻非權非實如是等種種義便故以蓮華喻於妙法也體者訓禮禮法也各親其親各子其子君臣樽節若無禮者則非法也出世法體亦復如是善惡凡聖佛菩薩

一切不出法性。正指實相以為正體也。故壽量云。不
如三界見於三界。非如非異。若三界人見三界為異。
二乘人見三界為如。菩薩人見三界亦如亦異。佛見
三界非如非異。雙照如異。今取佛所知見為實相正
體也。宗者。要也。所謂佛自行因果以為宗也。云何為
要。無量衆善。言因則攝。無量證得。言果則攝。如提綱
維。無目而不動。牽衣一角。無縷而不來。故言宗要。然
諸因果。善須明識。尚不取別教因果。況餘因果。餘因
果者。昔三因大異而三果小同。又三因大同而三果
小異。又一因迴出。一果不融。因不攝善。果不收德。則

非佛自行之因非佛道場證得之果又諸經明佛往昔所行因果悉皆彼拂咸是方便非今經之宗要取意爲言因窮久遠之實修果窮久遠之實證如此之因竪高七種方便橫包十法界法初修此實相之行名爲佛因道場所得名爲佛果但可以智知不可以言具略舉如此因果以爲宗要耳用者力用也三種權實二智皆是力用於力用中更分別自行二智照理理周名爲力二種化他二智鑒機機徧名爲用秖自行二智即是化他二智化他二智即是自行二智照理即鑒機鑒機即照理如薩婆悉達彎祖王弓滿

名爲力。中七鐵鼓貫一鐵圍山。洞地徹水輪。名爲用。諸方便教。力用微弱。如凡人弓箭。何者。昔緣稟化他二智照理不徧。生信不深。除疑不盡。今緣稟自行二智極佛境界。起法界信。增圓妙道。斷根本惑。損變易生。非但生身及生身得忍。兩種菩薩俱益。法身法身後心。兩種菩薩亦俱益。化功廣大。利潤弘深。蓋茲經之力用也。教相爲三。一根性融不融相。二化道始終不始終相。三師弟遠近不遠近相。教者聖人被下之言也。相者分別同異也。云何分別。如日初出。前照高山。厚植善根。感斯頓說。頓說本不爲小。小雖在座如聾如瘂。良由小不堪大。亦是大隔於小。此如華嚴約法被緣。緣得大益。名頓教相。約說次第。名從牛出乳味。相次照幽谷。淺行偏明。當分漸解。此如三藏。三藏本不爲大。大雖在座。多踰婆和。小所不識。此乃小隔於大。大隱於小。約法被緣。名漸教相。約說次第。名酪味。相次照平地。影臨萬水。逐器方圓。隨波動靜。示一佛土。令淨穢不同。示現一身。巨細各異。一音說法。隨類各解。恐畏歡喜。厭離斷疑。神力不共。故見有淨穢。聞有褒貶。嗅有薝蔔不薝蔔。華有著身不著身。慧有若干不若干。此如淨名方等。約法被緣。猶是漸教。約

說次第生酥味相復有義大人蒙其光用嬰兒喪其
睛明夜遊者伏匿作務者興成故文云但爲菩薩說
其實事而不爲我說斯眞要雖三人俱學二乘取證
具如大品若約法被緣猶是漸敎約說次第名熟酥
味相復有義日光普照高下悉均平土圭測影不縮
不盈若低頭若小音若散亂若微善皆成佛道不令
有人獨得滅度皆以如來滅度而滅度之具如今經
若約法被緣名漸圓敎若說次第醍醐味相問旣以
五味分別那同稱漸答約漸得明五味耳又若小不
開大大一向是頓若大不用小小一向是漸若以大

破小。是漸頓並陳。若帶小明大。是頓漸相資。若會小歸大。是頓漸泯合。此但約顯露明漸頓五味之相。若論不定義則不然。雖高山頓說不動寂場而遊鹿苑。雖說四諦生滅。而不妨不生不滅。雖爲菩薩說佛境界而有二乘智斷。雖五人證果。不妨八萬諸天獲無生忍。當知即頓而漸。即漸而頓。一時一說一念之中。備有不定。不同舊義專判一部。味味中悉如此。此乃顯露不定。祕密不定。其義不然。如來於法得最自在。若智若機。若時若處。三密四門。無妨無礙。此座說頓。十方說漸說不定。頓座不聞十方。十方不聞頓座。或十方說頓說不定此座說漸各各不相知聞於此是顯於彼是密或爲一人說頓爲多人說漸說不定或爲一人說漸爲多人說頓各各不相知互爲顯密或一座默十方說十方默一座說或俱默俱說各各不相知互爲顯密雖復如此未盡如來於法自在之力但可智知不可言辯雖復甚多亦不出頓漸不定秘密今法華是顯露非秘密是漸頓非漸漸是合非不合是醍醐非四味是定非不定如此分別此經與衆經相異也又異者餘教當機益物不說如來施化之意此經明佛設化元始巧爲衆生作頓漸不定顯密

種子。中間以頓漸五味調伏長養而成熟之。又以頓漸五味而度脫之。並脫並熟並種。番番不息。大勢威猛。三世益物。具如信解品中說。與餘經異也。又衆經咸云。道樹師實智始滿。起道樹。始施權智。今經明師之權實。在道樹前久久已滿。諸經明二乘弟子。不得入實智。亦不能施權智。今經明弟子入實甚久。亦先解行權。又衆經尚不論道樹之前師之與弟近近權實。況復遠遠。今經明道樹之前。權實長遠。補處數世界不知。況其塵數。經云。昔所未曾說。今皆當得聞。殷勤稱歎。良有以也。當知此經異諸教也。　二引證者。

如文殊答問偈云我見燈明佛本光瑞如此以是知今佛欲說法華經何但二萬億大通智勝及五佛章中三世佛說皆名法華也又云今佛放光明助發實相義又云諸法實相義已爲汝等說又云無量衆所尊爲說實相印此亦今古同以實相爲體也又云佛當雨法雨充足求道者即是會三歸一之法雨令求佛道因者充足乃至一切皆會令充足若開近顯遠之法雨令求佛道果者充足又云諸求三乘人若有疑悔者佛當爲除斷令盡無有餘又云諸佛法久後要當說眞實即是斷三乘五乘七方便九法界等疑

皆令生信。此證經用也。又如來神力品云。以要言之
如來一切所有之法。如來一切自在神力。如來一切
秘要之藏。如來一切甚深之事。皆於此經宣示顯說。
一切法者。權實一切法皆攝也。此證經名。一切自在
神力者。內用名自在。外用名神力。即證用也。一切秘
要之藏者。非器莫授爲秘。正體爲要。多所含容而無
積聚名藏。此證體也。一切甚深之事。實相名甚深。爲
實相修因名深因。究竟實相名深果。此證宗也。又爲
大事因緣故。證名。佛之知見。證體。開示悟入。證宗。爲
令衆生。證用。此異餘經證教也。　三生起者。能生爲

生所生爲起前後有次第麤細不相違肇公云名無召物之功物無應名之實無名無物名物安在蓋第一義中無相意耳世諦爲言無名無以顯法故初釋名名名於法法即是體尋名識體體非宗不會會體自行已圓從體起用導利含識利益既多須分別教相也　四開合者五章釋一經種種分別令易解故凡三種開合謂五種十種譬喻五種者釋名通論事理顯體專論理宗用但論事教相分別事理釋名通說教行顯體非教非行宗用但行教相但教釋名通說因果顯體非因非果宗自因果用教他因果教相

分別上法耳釋名通論自行化他體非自非他宗是自行用是化他教相分別自他釋名通論說默體非說非默宗默用說教相分別十種者釋名總論三軌體宗用開對三軌教相分別三軌釋名總論三道體宗用開對三道教相分別三道乃至第十釋名總論三德體宗用開對三德教相分別三德譬喻者譬如總名人身開身則有識命煗分別諸身貴賤賢愚種種差降人身譬名識以譬體命以譬宗煗以譬用分別譬教相　五料簡者若爲進故華華果必俱將不墮因中有果耶答因中有果舊醫邪法已爲初教所

破尙非麤權實義況是妙因妙果新醫眞乳法耶問華以喻權權是小乘之法則不應破於草菴草菴既破何得以華喻權答小乘是化他之權是故須破今明自行之權故以華喻耳問文內從火宅至醫子凡七譬悉不明蓮華何以取此爲題答七譬是別蓮華是總舉總攝別故冠篇首也問一切法皆佛法何意簡權取實爲體答若開權顯實諸法皆體若廢權顯實如前所用問何故雙用因果爲宗答由因致果果爲因所辦若從能辦以因爲宗若從所辦以果爲宗二義本是相成不得單取又迹本二文俱說因果故

後文云。般若因正果傍。無量義用因爲宗。淨名用佛國因果。華嚴因果合爲宗。諸經對緣不同。故明宗互異耳。問。論宗簡化他因果。明用俱取自他權實。答。宗論自行故須簡他。用是益他。是故雙取。又問。用是益他亦不須自行權實。答。欲以自利利他故。並宗亦應然欲自行化他因果。是故應取他也。答。化他因果不能致佛菩提。是故不取。並用他權實。亦不能令他至極。亦不應取。答。他宜須此利。是故取也。問。宗用俱明智斷。云何分別。答。自行以智德爲宗。斷德爲用。若化他自行智斷俱爲宗。化他智斷俱爲用。問。何故五章不四不六。答。設作四六。亦復生疑墮無窮問。非也。問經經各有異意那得五義共釋衆經答若經經別釋但得別不得同今共論五意得同不失別。六明觀心者從標章至料簡悉明觀心心如幻燄但有名字名之爲心適言其有不見色質適言其無復起慮想不可以有無思度故名心爲妙妙心可軌稱之爲法心法非因非果能如理觀即辦因果是名蓮華由一心成觀亦轉敎餘心名之爲經釋名竟心本無名亦無無名心名不生亦復不滅心即實相初觀爲因觀成爲果以觀心故惡覺不起心數塵勞若同若異皆被化而轉是爲觀心標五章竟觀心引證者釋論云一陰名色四陰名名心但是名也大經云能觀心性名爲上定上定者第一義定證心是體大經云夫有心者皆當得三菩提心是宗也遺教云制心一處無事不辦心是用也釋論云三界無別法惟是一心作心能地獄心能天堂心能凡夫心能賢聖覺觀心是語本以心分別於心證心是教相也觀心生起者以心觀心由能觀心有所觀境以觀契境故從心得解脫故若一心得解脫能令一切數皆得解脫故分別心王心數同起偏起等即是教相故觀心開合者心是諸法之本心即總也別說有三種心煩惱心是三支

苦果心是七支。業心是二支。苦心即法身。是心體。煩惱心即般若。是心宗。業心即解脫。是心用。即開心爲三也。分別十二因緣心生。即有六道差降。分別心滅即有四聖高下。是爲敎相兼於開合也。觀心料簡者。問。事解已足。何煩觀心。答。大論云。佛爲信行人以樹爲喻。爲法行人以身爲喻。今亦如是。爲文字人約事解釋。爲坐禪人作觀心解。又論作四句評。有慧無多聞。是不知實相。譬如大闇中。有目無所見。多聞無智慧。亦不知實相。譬如大明中。有燈而無照。多聞利智慧。是所說應受。無聞無智慧。是名人身牛。今使聞慧

兼修義觀雙舉華嚴云譬如貧窮人日夜數他寶自
無半錢分偏聞之失也下文云未得謂得未證謂證
偏觀之失也何者視聽馳散如風中燈照物不了但
貴耳入口出都不治心自是陵人增見增非把刃自
傷解牽惡道由其不習觀也若觀心人謂即心而是
己則均佛都不尋經論墮增上慢此則抱炬自燒行
牽惡道由不習聞也若欲免貧窮當勤三觀欲免上
慢當聞六即世間相常理即也於諸過去佛若有聞
一句名字即也深信隨喜觀行即也六根清淨相似
即也安住實智中分證即也唯佛與佛究盡實相究

竟即也。修心內觀則有法財。正信外聞無復上慢。眼慧明開。具足利益。何得不觀解耶。　七會異者。佛有所說。依四悉檀。世界悉檀。對釋名。名該一部。世界亦冠於三。第一義對體。最分明。為人對宗。宗論因果。為人生善義同。對治對用。用破疑滯。與治病事齊。分別悉檀對教相。教相如後說。問。何不次第。答。悉檀是佛智慧。對利鈍緣。則成四種。利人聞世界。解第一義。此對釋名辨體即足。若鈍人未悟。更須為人生善。對治破惡。乃入第一義。則具用四也。五重玄義。意兼利鈍。四悉檀法。專為鈍者。對義是同。次第則異。

第二別釋五章。初釋名爲三。一判通別。二定前後。三正解妙法蓮華名異衆典別也。俱稱爲經通也。立此二名。凡約三意。謂教。行。理。從緣故教別。從說故教通。從能契故行別。從所契故行通。理從名故別。名從理故通。夫教本應機。機機宜不同。故部部別異。金口梵聲通是佛說。故通別二名也。約行者。泥洹眞法寶。衆生以種種門入。如五百比丘各說身因。佛言無非正說三十二菩薩各入不二法門。文殊稱善。大論明阿那波那。皆是摩訶衍。以不可得故。當知從行則別。所契則同。約理者。理則不二。名字非一。智度云。般若是一法。佛說種種名。大經云。解脫亦爾。多諸名字。如天帝釋有千種名。名異故別。理一故通。今稱妙法之經。即是教之通別。名賜諸子等一大車。乘是寶乘。直至道場。即行之通別。或言實相。或言佛知見。大乘家業。一地實事。實所繫珠。平等大慧等。即是理之通別。約此三義。故立兩名也。　二定妙法前後者。若從義便。應先明法。卻論其妙。下文云。我法妙難思。若從名便。應先妙次法。如欲美彼。稱為好人。篤論無人。何所稱好。必應先人後好。今題從名便。故先妙後法。解釋義便。故先法後妙。雖復前後。亦不相乖。　三正解為二。先略示次廣說。應補科云先釋別名次釋通名釋別名二先妙法次蓮華乃用此科接之略示因具三義者。一法界具九法界。名體廣。九法界即佛法界。名位高。十法界即空即假即中。名用長。即一而論三。即三而論一。非各異。亦非橫。亦非一。故稱妙也。果體具三義者。體徧一切處。名體廣。久已成佛。久遠久遠。名位高。從本垂迹。過現未來三世益物。名用長。是爲因果六義。異於餘經。是故稱妙。又乳經。一種因果廣高長。一種因果狹下短。則一麤一妙。酪經惟一種因果狹下短。但麤無妙。生酥經。三種因果狹下短。一種因果廣高長。則三麤一妙。熟酥經。二種因果

狹下短一種因果廣高長則二麤一妙醍醐經一種
因果廣高長但妙無麤又醍醐經妙因妙果與諸經
妙因妙果不異故稱妙也復次觀心釋若觀己心不
具衆生心佛心者是體狹具者是體廣若己心不等
佛心是位下若等佛心是位高若己心衆生心佛心
不卽空卽假卽中者是用短卽空卽假卽中者是用
長復次於一法界通達十法界六卽位者亦是體廣
亦是位高亦是用長初約十法界是顯理一次約五
味是約敎一次約觀心是約行一次約六卽是約人
一略示妙義竟　廣說者先法次妙法者三種謂衆

生法。佛法。心法。如經。爲令衆生開示悟入佛之知見。若衆生無佛知見何所論開當知佛之知見蘊在衆生也。又經但以父母所生眼。卽肉眼。徹見內外彌樓山。卽天眼。洞見諸色而無染著。卽慧眼。見色無錯謬卽法眼。雖未得無漏而其眼根淸淨若此。一眼具諸眼用。卽佛眼。此是今經明衆生法妙之文也。大經云。學大乘者雖有肉眼名爲佛眼。耳鼻五根例亦如是。央掘云。所謂彼眼根於諸如來常具足無減修了了分明見。乃至意根亦如是。大品云。六自在王性淸淨故。又云。一切法趣眼是趣不過。眼尙不可得。何況有趣有非趣。乃至一切法趣。意亦如是。此即諸經明衆生法妙也。佛法妙者。如經止止不須說。我法妙難思。佛法不出權實。是法甚深妙。難見難可了。一切衆生類。無能知佛者。即實智妙也。及佛諸餘法。亦無能測者。即佛權智妙也。如是二法。唯佛與佛。乃能究盡諸法實相。是名佛法妙。心法妙者。如安樂中。修攝其心。觀一切法不動不退。又一念隨喜等。普賢觀云。我心自空。罪福無主。觀心無心。法不住法。又心純是法。淨名云。觀身實相。觀佛亦然。諸佛解脫。當於衆生心行中求。華嚴云。心佛及衆生。是三無差別。破心微塵出大千經卷是名心法妙也今依三法更廣分別若廣衆生一往通論諸因果及一切法若廣佛法此則據果若廣心法此則據因衆生法爲二先列法數次解法相數者經論或明一法攝一切法謂心是三界無別法唯是一心作或明二法攝一切法所謂名色一切世間中但有名與色或明三法攝一切法謂命識煗如是等增數乃至百千今經用十法攝一切法所謂諸法如是相如是性如是體如是力如是作如是因如是緣如是果如是報如是本末究竟等南岳師讀此文皆云如故呼爲十如也天台師云依義讀文

凡有三轉。一云是相如。是性如。乃至是報如。二云如是相。如是性。乃至如是報。三云相如是。性如是。乃至報如是。若皆稱如者。如名不異。卽空義也。若作如是相。如是性者。點空相性。名字施設。邐迤不同。卽假義也。若作相如是者。如於中道實相之是。卽中義也。分別令易解。故明空假中。得意爲言。空卽假中。約如明空。一空一切空。點如明相。一假一切假。就是論中。一中一切中。非一二三而一二三。不縱不橫。名爲實相。唯佛與佛究竟此法。是十法攝一切法。若依義便作三意分別。若依讀便當依偈文。云如是大果報種種性相義云云權實者以十如是約十法界謂六道四聖也皆稱法界者其意有三一者十數皆依法界法界外更無復法能所合稱故言十法界也二者此十種法分齊不同因果隔別凡聖有異故加之以界也三者此十皆是法界攝一切法一切法趣地獄是趣不過當體即理更無所依故名法界乃至佛法界亦如是若十數依法界者能依從所依即入空界也十界界隔者即假界也十數皆法界者即中界也欲令易解如此分別得意爲言空即假中無一二三如前云云此一法界具十如是十法界具百如是又一法

界具九法界則有百法界千如是束為五差一惡二
善三二乘四菩薩五佛判為二法前四是權法後一
是實法細論各具權實且依兩義然此權實不可思
議乃是三世諸佛二智之境以此為境何法不收此
境發智何智不發故文云諸法諸法者是所照境廣
也唯佛與佛乃能究盡者明能照智深窮盡邊底也
其智慧門難解難入者歎境妙也我所得智慧微妙
最第一者歎智與境相稱也方便品長行略說此法
後開示悟入廣說此法火宅譬喻此法信解領解此
法長者付子此法藥草述成此法化城引入此法如

是等種種秖名十如權實法耳。如來洞達究十法底。盡十法邊。明識衆生種非種芽未芽。熟不熟可度脫不可度脫。如實知之無有錯謬。央掘魔羅雖是惡人實相性熟。卽時得度。四禪比丘雖是善人惡性相熟卽不堪度。當知衆生之法不可思議。雖實而權雖權而實。權實相卽不相妨礙。不可以牛羊眼觀視衆生。不可以凡夫心評量衆生。智如如來乃能評量。何以故。衆生法妙故。次解十如是法。初通解。後別解。通解者。相以據外覽而可別名爲相。性以據內自分不改名爲性。主質名爲體。功能爲力。構造爲作。習因爲因。

助因爲緣習果爲果報果爲報初相爲本後報爲末所歸趣處爲究竟等若作如義初後皆空爲等若作性相義初後相在爲等若作中義初後皆實相爲等今不依此等三法具足爲究竟等夫究竟者中乃究竟即是實相爲等也次別解者取氣類相似合爲四番初四趣次人天次二乘次菩薩佛也初明四趣十法如是相者即是惡相表墮不如意處譬人未禍否色已彰相師覽別能記凶衰惡相初起遠表泥犁凡夫不知二乘髣髴知菩薩知不深佛知盡邊如善相師洞見始終故言如是相也如是性者純習黑惡難

可改變如木有火遇緣卽發大經云有漏之法以有生性故生能生之此惡有四趣生性故緣能發之若泥木像雖有外相內無生性生不能生惡性不爾故言如是性如是體者攬彼摧折麤惡色心以爲體質也復次此世先已摧心來世摧色又此世華報亦摧色心來世果報亦摧色心故以被摧色心爲體也如是力者惡功用也譬如片物雖未被用指擬所任言其有用大經云作舍取木不取縷線作布取縷不取泥木地獄有登刀上劍之用餓鬼有吞銅噉鐵之用畜生強者伏弱魚鱗相咀牽車挽重皆是惡力用也

如是作者構造經營運動三業建創諸惡名之爲作。大經云譬如世間爲惡行者名爲半人既行惡行名爲地獄作也如是因者惡習因也自種相生習續不斷以習發故爲惡易成故名如是因如是緣者助緣也所謂諸惡我我所所有具度皆能助成習業如水能潤種故用報因爲緣也如是果者習果也如多欲人受地獄身見苦具謂爲欲境便起染愛謂此爲習果也如是報者報果也如多欲人在地獄中趣欲境時即受銅柱鐵牀之苦故名如是報也本末究竟等者即有三義本空末亦空故言等又惡果報在本相性中此末與本等本相性在惡果報中此本與末等若先無後事相師不應預記若後無先事相師不應追記當知初後相在此假事論等中實理心與佛果不異一色一香無非中道此約理論等以是義故故言本末究竟等三義具足故言等也次辨人天界十法者但就善樂為語異於四趣相表清升性是白法體是安樂色心力是堪任善器作是造止行二善因是白業緣是善我我所所有具度果是任運酬善心生報是自然受樂等者如前說次辨二乘法界十法者約真無漏相表涅槃性是非白非黑法體是五分

法身力能動能出堪任道器作是精進勤策因是無
漏正智緣是行行助道果是四果二乘旣不生是故
無報何故發眞是果而不論報無漏法起酬於習因
得是習果無漏損生非牽生法故無後報三果有報
者殘思未盡或七生或一往來或色界生非無漏報
也是故唯九不十若依大乘此無漏猶名有漏大經
云福德莊嚴者有爲有漏是聲聞僧旣非無漏不損
別惑猶受變易之生則無漏爲因無明爲緣生變易
土卽有報也次明菩薩佛界十法者此更細開有三
種菩薩若六度菩薩約福德論相性體力善業爲因

煩惱爲緣。三十四心斷結爲果。佛則無報。菩薩卽具十也。若通教菩薩約無漏論相性。六地之前殘思受報。六地思盡不受後身。誓扶習生非實業報。故惟九無十。若別教菩薩約修中道行次第觀而論十法。此人雖斷通惑。自知有生則具十法。夫生變易則三種不同。一全未斷別惑生變易者卽是三藏二乘及通教三乘是也。類如分段博地凡夫不伏見思者。二伏別惑生變易者卽是別教三十心人。習於中道伏而未斷。類如分段小乘方便道也。三者斷別惑生變易者。如初地初住斷惑是也。類如初果雖斷見諦猶有七生彼亦如是若未斷伏生者用方便行眞無漏爲因無明爲緣若伏斷者順道法愛爲因無明爲緣生變易土佛界十法者皆約中道分別也淨名云一切衆生皆菩提相不可復得此卽緣因爲佛相性以據內者智願猶在不失智卽了因爲佛性自性淸淨心卽是正因爲佛體此卽三軌也力者初發菩提心超二乘上名爲力作者四弘誓願要期也因卽智慧莊嚴緣卽福德莊嚴果卽一念相應大覺朗然無上菩提爲習果報卽大般涅槃果果斷德禪定三昧一切具足是報果也本末等者卽相性三諦與究竟三諦

不異故言等也空諦等者元初衆生如乃至佛如皆等也俗諦等者衆生未發心佛記當作佛佛既已成佛說佛本生事即是初後相在假等也中等者凡聖皆實相也就佛界亦九亦十通途爲語從地地皆有萬行福德爲因無明爲緣習果報果分得十法無不具足此經云得無量無漏清淨之果報法王法中久修梵行始於今日得其果報又云久修業所得大經云我今所獻食願得無上報仁王云三賢十聖住果報攝大乘云因緣生死有後生死皆是分論果報果分即是生滅何者無明分盡是故論滅眞明轉盛是

故言生又殘無明在是故言生。一分惑除是故言滅

大論云。一人能耘。一人能種。萬行資成如種智慧破惑如耘。增道損生意在於此。四十一地皆有十法也

若就妙覺亦九亦十。何者。中道智慧乃是損生。生既未盡。故有諸地生滅不同。妙覺損生義足。最後那得論報。故言惟佛一人居淨土。三十生盡等大覺無後有生死煩惱盡。故智德已圓。無復習果。不受後身。無復報果。又約現生後論九論十。若按涅槃經文顧得無上報者。即明佛界報無上也。佛報既言無上。佛相性等九法悉皆無上。何者。六道相性全表五住。二乘

相性表破四住全表無明菩薩相性表次第破五住佛相性表一切種智淨若虛空不爲五住所染故佛十法最爲無上復次六趣相表生死苦二乘相表涅槃樂佛界相表非生死非涅槃中道常樂我淨故言佛界最是無上復次四道表惡人天表善二乘表無漏善菩薩佛表非漏非無漏善故佛界最爲無上復次六道表諸有因緣生法二乘表即空菩薩表即假佛表即空即假即中故佛界最爲無上復次四趣但表惡不能表善人天相但表善亦不能表惡二乘但表無漏不兼善惡佛相兼表一切相若解佛相即便

解一切相是故佛界最爲無上若用此法歷五味教者乳教說菩薩界佛界兩相性或入即假等或入即中等入中乃是無上而帶一方便未全無上酪教但明二乘相性得入析空等尚不明入即空等況復餘耶故非無上生酥明四種相性或入析空等或入即空等或入即假等或入即中等惟佛相性得入即空即假即中而帶三方便故非無上熟酥明三種相性或入即空或入即假或入即中惟佛相性得入即空即假即中而帶二方便故非無上此法華經明九種相性皆入即空即假即中汝實我子我實汝父一色

一味純是佛法更無餘法故知佛界最為無上復次餘經所明九相性不得入佛相性即空即假即中者此經皆開方便普令得入又按其相性即是即空即假即中不論引入是故如來殷勤稱歎此法華經最為無上意在此也復次百界千法縱橫甚多以經論結之令其易解中論偈云因緣所生法我說即是空亦名為假名亦名中道義六道相性即是因緣所生法也二乘及通教菩薩等相性是我說即是空六度別教菩薩相性是亦名為假名佛界相性是亦名中道義結要雖少攝得前多義則可見又涅槃偈云諸

行無常是生滅法生滅滅已寂滅爲樂六道相性即是諸行二乘通教相性即是無常別教菩薩相性即是生滅滅已佛界相性即是寂滅爲樂又生滅滅已寂滅爲樂即是別教相性即於生滅仍是寂滅不待滅已方稱爲樂是爲圓教佛界相性又七佛通戒偈云諸惡莫作衆善奉行自淨其意是諸佛教四趣相性即是諸惡人天相性即是衆善自淨其意即有析體淨意是二乘相性入假淨意是菩薩相性入中淨意是佛界相性若能解十相性與衆經論律台者即通達三藏通別識一切法無有障礙廣明衆生法相

竟。二廣明佛法者。佛豈有別法。秪百界千如是佛境界。惟佛與佛。究竟斯理。如函大蓋亦隨大。以無邊佛智。照廣大佛境。到其源底。名隨自意法也。若照九法界相性本末。纖芥不遺。名隨他意法。從二法本。垂十界迹。或示己身。或示他身。或說自意語。或說他意語。自意他意。不可思議。己身他身。微妙寂絕。皆非權非實。而能應於九界之權。一界之實。而於佛法無所損減。諸佛之法。豈不妙耶。是事可知無勞廣說。至方便品中。當更明之。三廣釋心法者。前所明法。豈得異心。但衆生法太廣。佛法太高。於初學爲難。然心佛及衆生是三無差別者。但自觀己心。則爲易。涅槃云。一切衆生具足三定。上定者謂佛性也。能觀心性。名爲上定。上能兼下。卽攝得衆生法也。華嚴云。遊心法界如虛空。則知諸佛之境界。法界卽中也。虛空卽空也。心佛卽假也。三種具卽佛境界也。是爲觀心仍具佛法。又遊心法界者。觀根塵相對。一念心起。於十界中。必屬一界。若屬一界。卽具百界千法。於一念中。悉皆備足。此心幻師。於一日夜。常造種種衆生。種種五陰。種種國土。所謂地獄假實國土。乃至佛界假實國土。行人當自選擇何道可從。又如虛空者。觀心自生心。不須藉緣。藉緣有心。心無生力。心無生力。緣亦無生。心緣各無。合云何有。合尙叵得。離則不生。尙無一生。況有百界千法耶。以心空故。從心所生一切皆空。此空亦空。若空非空。點空設假。假亦非假。無假無空。畢竟淸淨。又復佛境界者。上等佛法。下等衆生法。又心法者。心佛及衆生。是三無差別。是名心法也。 二明妙者。一通釋。二別釋。通又爲二。一相待。二絕待。此經惟論二妙。更無非絕非待之文。若更作者。絕何惑顯何理。故不更論也。待麤妙者。待半字爲麤。明滿字爲妙。亦是常無常大小相待爲麤妙也。三藏但半字生滅門不能通滿理故名爲麤滿字是不生不滅門能通滿理故名妙能通滿理復有二種一帶方便通滿理二直顯滿理方等般若帶方便通滿理今經直顯滿理二絕待明妙者爲四一隨情三假法起若入眞諦待對卽絕故身子云吾聞解脫之中無有言說此三藏經中絕待意也二若隨理三假一切世間皆如幻化卽事而眞無有一事而非眞者更待何物爲不眞耶望彼三藏絕還不絕卽事而眞乃是絕待此通教絕待也三別教若起望卽眞之絕還是世諦何者非大涅槃猶是生死世諦絕還有待若入別教中道待

卽絕矣。四圓教若起。說無分別法。卽邊而中。無非佛法。亡泯清淨。豈更佛法待於佛法。如來法界故。出法界外。無復有法可相形比。待誰爲麤。形誰爲妙。無所可待。亦無所絕。不知何名。强言爲絕。大經云。大名不可稱量。不可思議。故名爲大。譬如虛空。不因小空名爲大也。涅槃亦爾。不因小相名大涅槃。妙亦如是。妙名不可思議。不因於麤而名爲妙。若謂定有法界廣大獨絕者。此則大有所有。何謂爲絕。今法界清淨。非見聞覺知。不可說示。文云。止止不須說。卽是絕言。我法妙難思。卽是絕思。又云。是法不可示。言辭相寂滅亦是絕歎之文。不可以待示。不可以絕示。滅待滅絕。故言寂滅。又云。一切諸法常寂滅相。終歸於空。此空亦空。則無復待絕。中論云。若法為待成。是法還成待。今則無因待。亦無所成。法華首云。既得無生忍。亦不生無生。無生即無生。是名絕待。降此已外。若更作者。絕何物。顯何理。流浪無窮。則墮戲論。乃是迷情分別。絕待不絕。非絕非待。待於亦待亦絕。言語相逐。永無絕矣。何者。言語從覺觀生。心慮不息。語何由絕。如癡犬逐塊。徒自疲勞。塊終不絕。若能妙悟寰中。息覺觀風。心水澄清。言思皆絕。如黠師子。放塊逐人。塊本既除塊卽絕矣妙悟之時洞知法界外無法而論絕者約有門明絕也是絕亦絕約空門明絕也如快馬見鞭影無不得入是名絕待妙也用是兩妙妙上三法衆生之法亦具二妙稱之爲妙佛法心法亦具二妙稱之爲妙若將上四種絕待約五味經者乳教兩絕酪教一絕生酥四絕熟酥三絕此經但有一絕若開權絕者無不入一妙絕也問何意以絕釋妙答秖喚妙爲絕絕是妙之異名如世人稱絕能耳又妙是能絕麤是所絕此妙有絕麤之功故舉絕以名妙如迹中先施方便之教大教不得起今大教若起方便教

絕將所絕以名於妙耳又迹中大教既起本地大教不得興今本地教興迹中大教即絕絕於迹大功由本大將絕迹之大名於本大故言絕也又本大教若興觀心之妙不得起今入觀妙寂言語道斷本教即絕絕由於觀將此絕名名於觀妙爲顯此義故以絕爲妙今將迹之絕妙妙上衆生法將本地之絕妙妙上佛法將觀心之絕妙妙上心法前四絕橫約四教今三絕豎約圓教　別釋妙者爲三若鹿苑三麤鷲頭一妙皆迹中之說約迹開十重論妙此妙有迹有本本據元初元初本妙十重論妙迹本俱是教依教

作觀觀復有十重論妙。迹中有衆生法妙。佛法妙。心法妙各十重。合三十重。此與衆經論妙有同有異。本中三十妙與衆經一向異此六十重。一一復有待妙絶妙。則有一百二十重。若破麤顯妙。卽用上相待妙。若開麤顯妙。卽用上絶待妙。 迹中十妙者。一境妙。二智妙。三行妙。四位妙。五三法妙。六感應妙。七神通妙。八說法妙。九眷屬妙。十功德利益妙。釋十妙爲五番。一標章。二引證。三生起。四廣解。五結權實。 標章者。云何境妙。謂十如因緣四諦。三諦。二諦。一諦等是諸佛所師。故稱境妙。智妙者。所謂二十智。四菩提智。

下中上上上七權實五三智一如實智以境妙故智亦隨妙以法常故諸佛亦常函蓋相稱境智不可思議故稱智妙行妙者謂增數行次第五行不次第五行智導行故故言行妙位妙者謂三草位二木位一實位妙行所契故言位妙三法妙者謂總三法縱三法橫三法不縱不橫三法類通三法皆秘密藏故稱爲妙感應妙者謂四句感應三十六句感應二十五感應別圓感應水不上升月不下降一月一時普現衆水諸佛不來衆生不往慈善根力見如此事故名感應妙神通妙者謂報通修通作意通體法通無記

化化通無謀之權稱緣轉變若遠若近若種若熟若脫皆為一乘故言神通妙說法妙者謂說十二部法小部法大部法逗緣法所詮法圓妙法如理圓說咸令衆生開示悟入佛之知見故言說法妙眷屬妙者謂業眷屬神通眷屬願眷屬應眷屬法門眷屬如陰雲籠月羣臣豪族前後圍遶故言眷屬妙利益妙者謂果益因益空益假益中益變易益猶如大海能受龍雨故名利益妙　二引證者文云諸法如是相等惟佛與佛乃能究盡諸法實相實相是佛智慧門門即境也又云甚深微妙法難見難可了我及十方佛

乃能知是相。即境妙也。我所得智慧微妙最第一。又
以此妙慧求無上道。無漏不思議甚深微妙法惟我
知是相。十方佛亦然。即智妙也。本從無數佛具足行
諸道。行此諸道已道場得成果。又云合掌以敬心欲
聞具足道。又諸法從本來常自寂滅相。佛子行道已
來世得作佛。即行妙。天雨四華表住行向地開示悟
入。亦是位義。乘是寶乘行於四方。四方是因位直至
道場。是果位。是名位妙。佛自住大乘如其所得法定
慧力莊嚴。大乘即眞性。定即資成。慧即觀照。是爲三
法妙。我於三七日中思惟如是事。又我以佛眼觀見

六道衆生。又一切衆生。皆是吾子。又遙見其父踞師子牀。即感應妙也。今佛世尊入於三昧。是不可思議現希有事。神通妙也。如來能種種分別。巧說諸法。言辭柔軟。悅可衆心。身子云。聞佛柔軟音。深遠甚微妙。又其所說法。皆悉到於一切智地。又但說無上道。又已今當說。最爲難信難解。即說法妙。但教化菩薩。無聲聞弟子。即眷屬妙。現在未來。若聞一句一偈。皆與三菩提記。又須臾聞者。即得究竟三菩提。又若以小乘化我。即墮慳貪。是事爲不可。又終不令一人獨得滅度。皆以如來滅度而滅度之。即利益妙也。　三生起者。實相之境非佛天人所作。本自有之非適今也。故最居初。迷理故起惑。解理故生智。智爲行本。因於智目。起於行足。目足及境。三法爲乘。乘於是乘。入清涼池。登於諸位。位何所住。住於三法秘密藏中。住是法已。寂而常照。照十法界機。機來必應。若赴機垂應。先用身輪神通駭動。見變通已堪任受道。即以口輪宣示開導。旣霑法雨稟敎受道。成法眷屬。眷屬行行拔生死本。開佛知見。得大利益。前五約自因果具足。後五化他能所具足。法雖無量十義意圓。自他始終皆悉究竟也。

四廣釋境爲六。一十如境。二因緣境。

三四諦境。四二諦境。五三諦境。六一諦境。十如境如前說。二因緣境又爲四。一正釋。二判麤妙。三開麤顯妙。四觀心。正釋又爲四。一明思議生滅十二因緣。二明思議不生不滅十二因緣。三明不思議生滅十二因緣。四明不思議不生不滅十二因緣。一思議生滅因緣者。中論云。爲鈍根弟子。說十二因緣生滅相。此簡異外道。外道邪謂諸法從自在天生。或言世性。或言微塵。或言父母。或言無因。種種邪推。不當道理。此正因緣。不同邪計。惟是過去無明顚倒心中。造作諸行。能出生今世六道苦果好惡不同。正法念云。畫人分布五彩圖一切形端正醜陋不可稱計原其根本從畫手出六道差別非自在等作悉從一念無明心出無明與上品惡行業合卽起地獄因緣如畫出黑色無明與中品惡行合起畜生道因緣如畫出赤色無明與下品惡行合起鬼道因緣如畫青色無明與下品善行合卽起修羅因緣如畫黃色無明與中品善行合卽起人因緣如畫白色無明與上品善行合卽起天因緣如畫上上白色當知無明與諸行合故卽有六道名色觸受乃至生老死等隨上中下差別不同人天諸趣苦樂萬品以生歸死死已還生三世

盤迴車輪旋火故經言有河洄澓沒衆生無明所盲不能出又稱爲十二牽連更相拘帶亦名十二重城亦名十二棘園新新生滅念念不住故名生滅十二因緣也瓔珞云無明緣行生十二乃至生緣老死亦生十二是則一百二十因緣初是癡乃至老死亦是癡不覺故癡初亦不覺至老死亦不覺癡故生癡故死若能覺因緣因緣即不行癡不行故則將來老死盡名爲黠黠即隨道二思議不生不滅十二者此以巧破拙中論云爲利根弟子說十二不生不滅癡如虛空乃至老死如虛空無明如幻化不可得故乃至

老死如幻化不可得金光明云無明體相本自不有妄想因緣和合而有不善思惟心行所造如幻師在四衢道幻作種種象馬瓔珞人物等癡謂眞實智知非眞無明幻出六道依正當知本自不有無明所爲如知蘇本非蛇則怖心不生不生故不滅是名思議不生不滅十二因緣相也三不思議生滅因緣者破小明大爲利鈍兩緣說界外法也華嚴云心如工畫師作種種五陰一切世間中莫不從心造畫師卽無明心也一切世間卽是十法界假實國土等也無明之心不自不他不共不無因四句皆不可思議若有

四悉檀因緣亦可得說。如四句求夢不可得而說夢中見一切事。四句求無明不可得。而從無明出界內外一切法。出界內十二因緣。如前說。出界外十二因緣者。如寶性論云。羅漢支佛空智。於如來身本所不見。二乘雖有無常等四對治。依如來法身復是顛倒。顛倒故。即是無明。住無漏界中。有四種障。謂緣。相。生。壞。緣者。謂無明住地與行作緣也。相者。無明共行爲因也。生者。謂無明住地共無漏業因生三種意生身也。壞者。三種意生身緣不可思議變易死也。還如界內十二因緣。從無明至老死。也。緣者。即無明支也。相者行支也生者即名色等五支也愛取有三支例前可知壞即生死支也此十二支數同界內義意大異彼論云三種意生身未得離無明垢未得究竟無爲淨無明細戲論未永滅未得究竟無爲我無明細戲論集因無漏業生意陰未永滅未得究竟無爲樂煩惱染業染生染未究竟滅未證甘露究竟常以緣煩惱道故不得大淨以相業道故不得八自在我以生苦道故不得大樂以壞老死故不得不變易常是爲界外不思議生滅十二因緣相四不思議不生不滅十二因緣者爲利根人即事顯理也大經云十二因

緣名爲佛性無明愛取旣是煩惱煩惱道即是菩提
菩提通達無復煩惱煩惱旣無即究竟淨了因佛性
也行有是業道即是解脫解脫自在緣因佛性也名
色老死是苦道苦即法身法身無苦無樂是名大樂
不生不死是常正因佛性也故言無明與愛是二中
間即是中道無明是過去愛是現在若邊若中無非
佛性並是常樂我淨無明不生亦復不滅是名不思
議不生不滅十二因緣也二判麤妙者因緣之境不
當麤妙取之淺深致有差降耳前三是權爲麤後一
是實爲妙應五味可知三開顯者如經我法妙難思

前三皆是佛法豈有思議之麤異不思議之妙秖體思議即不思議如來於不思議方便說麤何得保麤異妙四觀心者觀一念無明即是明大經云無明明者即畢竟空空慧照無明無明即淨譬如有人覺知有賊賊無能爲旣不爲無明所染即是煩惱道淨煩惱淨故則無業無業故無縛無縛故是自在我我旣自在不爲業縛誰受是名色觸受無受則無苦旣無苦陰誰復遷滅即是常德一念之心旣具十二因緣觀此因緣恒作常樂我淨之觀其心念念住秘密藏中恒作此觀名託聖胎觀行純熟胎分成就若破無

明名出聖胎。三明四諦境爲四。一明四諦。二判麤妙。三開顯。四觀心。四諦者。一生滅。二無生滅。三無量。四無作。其義出涅槃聖行品。約偏圓事理分四種之殊。所言生滅者。迷眞重故。從事受名。然苦集是一法分因果成兩。道滅亦然。雜心云。諸行果性。是說苦諦。因性說集諦。一切有漏法究竟滅。說滅諦。一切無漏行說道諦。大經云。陰入重擔逼迫繫縛。是苦諦。見愛煩惱能招來果。是集諦。戒定慧無常苦空。能除苦本。是道諦。二十五有子果縛斷。是滅諦。此皆明生滅四聖諦相也。聖者對破邪法。故言正聖。諦者有三解。謂自性不虛故稱爲諦又見此四得不顛倒覺故稱爲諦又能以此法顯示於他故名爲諦大經云凡夫有苦無諦聲聞緣覺有苦有苦諦當知凡夫不見聖理不得智不能說但苦無諦聲聞具三義故稱爲諦也無生者迷眞輕故從理得名苦無逼迫相集無和合相道不二相滅無生相又習應苦空三亦如是又無生者生名集道集道卽空空故不生集道集道不生則無苦滅卽事而眞非滅後眞大經云諸菩薩等解苦無苦是故無苦而有眞諦三亦如是是故名爲無生四聖諦無量者迷中重故從事得名苦有無量相

十法界果不同故集有無量相五住煩惱不同故道有無量相恒沙佛法不同故滅有無量相諸波羅密不同故大經云知諸陰苦名為中智分別諸陰有無量相非諸聲聞緣覺所知我於彼經竟不說之三亦如是是名無量四聖諦無作者迷中輕故從理得名以迷理故菩提是煩惱名集諦涅槃是生死名苦諦以能解故煩惱即菩提名道諦生死即涅槃名滅諦即事而中無思無念無誰造作故名無作大經云世諦即是第一義諦有善方便隨順衆生說有二諦出世人知即第一義諦一實諦者無虛妄無顛倒常樂

我淨等是故名爲無作四聖諦二判麤妙者大小乘論諦不出此四或教行證不融者爲麤教融行證未融亦麤俱融者則妙約五味可知三開顯者大經云生生不可說乃至不生不生不可說有因緣故亦可得說或三種可說爲麤一可說爲妙三不可說爲麤一不可說爲妙或四皆可說爲麤四皆不可說爲妙或四可說有麤有妙或四不可說有麤有妙或四可說皆非麤非妙或四不可說皆非麤非妙如是等種種皆決了入妙開權顯實四皆不可說是位高四皆可說是體廣四亦可說亦不可說是用長四非可說

非不可說是非高非廣非長非短非一非異同稱為妙也觀心可知。

四明二諦為四。一略明三義二正明二諦三判麤妙四開麤顯妙。一略明三義者謂隨情情智智等隨情說者情性不同說隨情異如順盲情種種示乳盲聞異說而諍白色豈即乳耶隨情智者情謂二諦二皆是俗若悟諦理乃可謂眞眞則惟一如五百比丘各說身因身因乃多正理惟一經云世人心所見名為世諦出世人心所見名第一義諦如此說者即隨情智二諦也隨智者聖人悟理非但見眞亦能了俗如眼除膜見色見空無漏逾深世智轉淨。故經言。凡人行世間。不知世間相。如來行世間明了世間相。此是隨智二諦也。二正明二諦者。取意存略。但點法性爲眞諦。無明十二因緣爲俗諦。於義卽足。但人心粗淺。不覺其深妙。更須開拓。則論七種二諦。一者實有爲俗。實有滅爲眞。二者幻有爲俗。幻有卽空爲眞。三者幻有爲俗。卽幻有空不空共爲眞。四者幻有爲俗。幻有卽空不空一切法趣空不空爲眞。五者幻有幻有卽空皆名爲俗。不有不空爲眞。六者幻有幻有卽空皆名爲俗。不有不空一切法趣不有不空爲眞。七者幻有幻有卽空皆爲俗。一切法趣有趣空趣不有不空為眞實有二諦者。陰入界等皆是實法。實法所成森羅萬品。故名為俗。方便修道滅此俗已。乃得會眞。大品云。空色色空。以滅俗故謂為空色。不滅色故謂為色空。病中無藥。文字中無菩提。皆是此意。是為實有二諦相也。約此亦有隨情情智智等三義。推之可知。幻有空二諦者。斥前意也。何者。實有時無眞。滅有時無俗。二諦義不成。若明幻有者。幻有是俗。幻有不可得。即俗而眞。大品云。即色是空即空是色。空色相即。二諦義成。是名幻有空二諦也。幻有空不空二諦者。俗不異前。眞則三種不同。一俗隨三眞卽成三種二諦。其相云何。如大品明非漏非無漏。初人謂非漏是非俗。非無漏是遣滯。何者。行人緣無漏生著。如緣滅生使。破其著心。還入無漏。此是一番二諦也。次人聞非漏非無漏。謂非二邊。別顯中理。中理爲眞。又是一番二諦也。又人聞非有漏非無漏。卽知雙非正顯中道。中道法界。力用廣大。與虛空等。一切法趣非有漏非無漏。又是一番二諦也。大經云。聲聞之人但見於空。不見不空。智者見空及與不空。卽是此意。二乘謂著此空。破著空故。故言不空。空著若破。但是見空。不見不空也。利人謂不空是妙有。

故言不空。利利人聞不空。謂是如來藏。一切法趣如來藏。還約空不空。即有三種二諦也。復次約一切法趣非漏非無漏。顯三種異者。初人聞一切法趣非漏非無漏。謂諸法不異空。周行十方界。還是瓶處。如。又人聞趣。知此中理須一切行來趣發之。又人聞一切趣。即非漏非無漏具一切法也。是故說此一俗隨三眞轉。或對單眞。或對複眞。或對不思議眞。無量形勢。婉轉赴機。出沒利物。一一皆有隨情情智智等三義。若隨智證。俗隨智轉。智證偏眞。即成通二諦。智證不空眞。即成別入通二諦。智證一切趣不空眞。即成圓八遍二諦。三人入智不同。復局照俗亦異。幻有無爲俗。不有不無爲眞者。有無二故爲俗。中道不有不無。不二爲眞。二乘聞此眞俗俱皆不解。故如癡如聾。大經云。我與彌勒共論世諦。五百聲聞謂說眞諦。即此意也。圓入別二諦者。俗與別同。眞諦則異。別人謂不空但理而已。欲顯此理須緣修方便。故言一切法趣不空。圓人聞不空理。即知具一切佛法無有缺減。故言一切趣不空也。圓敎二諦者。直說不思議二諦也。眞即是俗。俗即是眞。如如意珠。珠以譬眞。用以譬俗。即珠是用。即用是珠。不二而二。分眞俗耳。三判麤妙者實有二諦半字法門引鈍根人蠲除戲論之糞二諦義不成此法為麤如幻二諦滿字法門為教利根諸法實相三人共得比前為妙同見但空方後則麤以別入通能見不空是則為妙教譚理不融是故為麤以圓入通為妙妙不異後帶通方便為麤別二諦不帶通方便是故為妙教譚理不融為麤圓入別理融為妙帶別方便為麤惟圓二諦正直無上道是故為妙次約隨情智判麤妙者且約三藏初門隨情二諦執實語為虛語起語見故生死浩然無佛法氣分若能勤修念處發四善根是時隨情二諦皆名為俗

發得無漏所照二諦皆名為眞從四果人以無漏智所照眞俗皆名隨智二諦隨情則麤隨智則妙譬如轉乳始得成酪既成酪已心相體信入出無難即得隨情隨情智智等說通別入通圓入通令其恥小慕大自悲敗種渴仰上乘是時如轉酪為生酥心漸通泰即為隨情情智智等說別圓入別明不共般若命領家業金銀珍寶出入取與皆使令知既知是已即如轉生酥為熟酥諸佛法久後要當說眞實即隨情情智智等說圓二諦如轉熟酥為醍醐是則六種二諦調熟衆生雖成四味是故為麤醍醐一味是則為妙

又束判麤妙。前二教雖有隨智等。一向是隨情說他意語。故名為麤。別入通去。雖有隨情等。一向束為情智說自他意語。故亦麤亦妙。圓二諦雖有隨情等。一向是隨智說佛自意語。故稱為妙。若歷五味教者。乳教有別圓入別圓。三種二諦。二麤一妙。酪教但實有二諦。純麤。生酪具七種二諦。六麤一妙。熟酥六種五麤一妙。法華但有一圓二諦。無六方便。惟妙不麤。題稱為妙。意在於此。是為相待判麤妙也。四開顯者。三世如來。本令眾生開佛知見。得無生忍。大事因緣出現於世。法華論云。蓮華出水義。不可盡。出離小乘泥

濁水故入如來大衆中坐如諸菩薩坐蓮華上聞說
無上淸淨智慧者必非坐華葉也乃是諸菩薩聞說
一圓道證一圓果處華王界同舍那佛坐蓮華臺耳
佛意如此始見我身初聞一實已入華臺爲未入者
從頓開漸更以異方便助顯第一義說諸二諦或單
或複或不可思議種種不同皆爲華臺而作方便不
惟始自鹿苑又不止近在寂場從本成佛已來乃至
從本行菩薩道時而爲衆生作華臺方便文云我本
立誓願普令一切衆亦同得此道當知弄引豈止今
耶本來所化入華臺者自是一邊其未入者如上方

便不息。中間亦如是。若從華嚴方等般若等經。或別入通圓入通圓。入別等。入華臺者。與本入者無異。復自是一邊。其未入者。四味調熟。皆於此經得入華臺。諸教之中。或住三味二味一味。或全生者。皆決麤令妙。悉入華臺。三藏保果難破。已破難開。已開況易破易開。悉隨情仍本。當門顯實。即入華臺。文云。七寶大車。其數無量。各賜諸子。此即開權顯實。諸麤皆妙。絕待妙也。

五明三諦為三。一明三諦。二判。三開。却前兩種二諦。以不明中道故。就五種二諦。得論中道。即有五種三諦。約別入通。點非有漏非無漏。三諦義成。

有漏是俗無漏是眞非有漏非無漏是中當敎論中
但異空而已中無功用不備諸法圓入通三諦者二
諦不異前點非漏非無漏具一切法與前中異也別
三諦者開彼俗爲兩諦對眞爲中中理而已圓入別
三諦者二諦不異前點眞中道具足佛法也圓三諦
者非但中道具足佛法眞俗亦然三諦圓融一三三
一如止觀中說一判麤妙者別圓入通帶通方便故
麤別不帶通爲妙圓入別帶別方便爲麤圓不帶方
便最妙約五味敎者乳敎說三種三諦二麤一妙酪
敎但麤一一酥皆具五種三諦四麤一妙此經惟一種

三諦即相待妙也。三開顯者，決前諸麤入妙三諦，無所可待，是為絕待妙也。　六明一諦者，大經云：所言二諦，其實是一，方便說二。如醉未吐，見日月轉，謂有轉日及不轉日。醒人但見不轉，不見於轉。轉二為麤，不轉為妙。三藏全是轉二，同彼醉人。諸大乘經帶轉二說不轉一。今經正直捨方便，但說無上道。不轉一實，是故為妙。諸諦不可說者，諸法從本來，常自寂滅相，那得諸諦紛紜相礙。一諦尚無，諸諦安有。一一皆不可說，可說為麤，不可說為妙。不可說亦不可說，是妙是妙亦妙。言語道斷，故皆適作不可說者，生生不可說。乃至不生不生不可說前。不可說為麤不生不生不可說為妙。若麤異妙。相待不融。麤妙不二。即絕待妙也。約五味者。乳教一麤無諦。一妙無諦。酪教一麤無諦。生酥三麤無諦。一妙無諦。熟酥二麤無諦。一妙無諦。此經但一妙無諦。開麤如前。問。何故大小通論無諦。答。釋論云。不破聖人心中所得涅槃。為未得者執涅槃生戲論。如緣無生使。故破言無諦也。問。若爾。小乘得與不得俱皆被破。大乘得與不得亦俱應破。答。不例。小乘猶有別惑可除。別理可顯。故雖得須破。中道不再得。云何破。問。若爾。中道惟應有一實諦不應言無諦也答為未得者執中生惑故須無諦實得者有戲論者無　第二智妙者至理玄微非智莫顯智能知所非境不融境既融妙智亦稱之故次境說智為六一數二類三相四照五判六開數者一世智二五停心四念處智三四善根智四四果智五支佛智六六度智七體法聲聞智八體法支佛智九體法菩薩入眞方便智十體法菩薩出假智十一別教十信智十二三十心智十三十地智十四三藏佛智十五通教佛智十六別教佛智十七圓教五品弟子智十八六根清淨智十九初住至等覺智二十妙覺

智類者世智無道邪計妄執心行理外不信不入故爲一五停心四念處已入初賢佛法氣分俱是外凡故爲一四善根同是內凡故爲一四果同見眞故爲一支佛別相覬能侵習故爲一六度緣理智弱緣事智强故爲一通教聲聞體法智勝故爲一支佛又小勝故爲一通教菩薩入眞方便智四門徧學故爲一通教出假菩薩智正緣俗故爲一別教十信智先知中道勝前劣後故爲一別三十心俱是內凡故爲一十地同是聖知故爲一三藏佛是師位名勝三乘弟子故爲一通教佛智斷惑照機勝故爲一別教佛智

又勝故爲一。圓教五品弟子同具煩惱能知如來秘密之藏故爲一。六根清淨智鄰眞故爲一。初住至等覺同破無明故爲一。妙覺佛智無上最尊故爲一。三辨相者。天竺世智極至非想。此間所宗要在忠孝。五行六藝。天文地理。醫方卜相。兵法貨法。草木千種。皆識禽獸萬品知名。又塗左割右等無憎愛。獲根本定。發五神通。停河在耳。變釋爲羊。納吐風雲。捫摸日月。法是世間法。定是不動。定慧是不動出。邀名利增見愛世心所知。故名世智也。五停四念者。有定故言停。有慧故言觀。觀能翻邪。定能制亂。數息治散。不淨治貪。慈悲治瞋。因緣治癡。念佛治障道。念處是觀苦諦上四智。治於四倒。四倒不起。由此四觀。初翻四倒。未入聖理。故言外凡智也。煖法緣四諦境生智伏煩惱。如火以煙在初爲相。無漏智火。亦以煖法在先爲相頂法者。色界善根。猶如山頂。故名頂。若能親近善友。從其聞隨順方便法。內心正觀。信佛菩提。信善說法。信僧清淨功德。是說信寶。說色無常。乃至說識無常。是說信陰。知有苦集滅道。是說信諦。若如是。即住頂。若不如是。即頂退。忍觀法者。正觀欲界苦。色無色界苦。欲界行集。色無色界行集。欲界行滅。色無色界行

滅斷欲界行道斷色無色界行道如是三十二心是
名下忍行者後時損減行及緣乃至正觀欲界苦常
相續不斷不違離如是觀時深生厭患復更減損但
作二心觀於一行是名中忍復以一心觀欲界苦是
名上忍復次生世第一法世第一法復次生苦法忍
初果八忍八智三果重慮緣眞九無礙九解脫智支
佛用總相別相如約三世明苦集分別十二因緣即
別相相也六度緣理智弱伏而未斷事智強能捨身
命財無所遺顧通教聲聞總相一門達俗即眞緣覺
能於一門總相別相達俗即眞通菩薩能於四門總

相別相達俗卽眞又能徧四門出假教化衆生別十信信果頭眞如實相爲求此理起十信心十住正習入空傍習假中十行正習假傍習中十迴向正習中初地證中二地已上重慮於中三藏佛一時用三十四心斷正習盡通佛坐道場一念相應慧斷餘殘習氣別佛用金剛後心斷一品無明究竟盡成佛圓五品具煩惱性能知如來秘密之藏六根淨位獲相似中道智初住獲如來一身無量身入法流海中行任運流注後位可解四明智照境者若由智照境由境發智四句皆墮性中若四悉檀因緣立境智但有名

字智能照境境亦照智仁王云說智及智處皆名爲般若且置斯義世智照六道十如五停心智去至體法凡七智照二乘十如六度及通教出假菩薩智兩屬上求照菩薩十如下化照六道十如別四十心智亦兩屬如上十地智兩屬次第照照菩薩十如不次第照照佛十如五品去凡四智皆照佛界十如總略如此二十智照四種十二因緣者世智五停四念四果乃至支佛六度三藏佛凡七智照思議生滅十二因緣境通教三乘入眞方便智出假智佛智凡五智照思議不生滅因緣境別教十信三十心十地佛凡

四智照不思議生滅因緣境其中不無別意且從大
判圓教四智照不思議不生不滅因緣境二十智照
四種四諦可例知照二諦者前教七智照析空之二
諦次五智照體空之二諦次八智照顯中之二諦其
間別圓相入者可以意得照三諦者前七智照無中
之二諦是因緣所生法皆屬俗攝次五智照含中之
二諦即空一句皆屬眞諦攝也次別圓八智照顯中
之二諦即是假名亦名中道二句皆屬中諦攝也照
一實諦者此須引釋論明四悉檀皆名爲實世界故
實乃至第一義故實當知實語亦通四諦生滅故實

乃至無作故實前七智照生滅之實乃至圓四智照無作之實。炎二十智無諦無照者無諦無別理。若於四種四諦得悟。不復見諦與不諦故無諦亦通也。前七智照生滅之無諦生生不可說故乃至圓四智照無作之無諦。不生不生不可說故前三無諦是權。後一無諦是實。此就言教。若就妙悟同於聖人心中所照者。則不見有權實。故非權非實。空拳誑小兒誘度於一切。方便說權說實。會理之時無復權實。故稱非權非實爲妙也。五明麤妙者。前十二番智是麤。後八番智爲妙。別教十信。初已聞常信修於常是故爲妙。

又別四智三麤一妙圓教四智悉皆稱妙六明開者前十六番智若不決了但是麤智若得決了悉成妙智如妙莊嚴先是外道世智聞法華經便得決了以邪相入正相於諸見不動而修三十七品不捨八邪而入八正即是決於世智得入妙智或與五品齊或與相似齊或與分得齊節節有入義若五停方便智乃至通佛等智若不決了即是麤智今開權顯實汝等所行是菩薩道又決了歷別之智入於妙智當體即是某位進入是某位十六麤智皆成妙智無麤可待即是絕待智妙也對境明智具在全本不能具錄

須往尋之。第三行妙爲二。一通途增數行。二約教增數行。夫行名進趣。非智不前。智解導行。非境不正。智目行足。到淸涼池。而解是行本。行能成智。故行滿而智圓。智能顯理。理窮則智息。如此相須者。則非妙行。妙行者。一行一切行。如經云。本從無數佛具足行諸道。又云無量諸佛所而行深妙道。又云盡行諸佛所有道法。旣具復深。又盡具。卽是廣深。卽是高。盡卽究竟。此之妙行。與前境智一而論三。三而論一。前境說如法相。法相亦具三。名秘密藏。前智是如法相解。解亦具三。如面上三目。今行是所行。如所說行亦具三如∴字三點若三若一皆無鈌減故稱妙行耳前對境明智今亦應對智明行若直對一種智增數明行則行若塵沙說不可盡況對諸智各導衆行則浩若虛空得意亡言不復可說釋論云菩薩行般若時以一法爲行攝一切行或無量一法爲行攝一切行或二法爲行攝一切行或無量二法爲行攝一切行乃至十法百法千萬億法爲行攝一切行或無量十法百法千萬億法爲行攝一切行行雖衆多以智爲本智如導主行若商人智如利鍼行如長線智御行牛車則安隱能有所至用此增數諸行爲前十如諸

智所導乃至一實諦智所導若得此意以正智導衆行入正境中此意惟可懸知不可載記二約教增數者三藏增數明行如阿含中佛告比丘當修一法我證汝等四沙門果謂心不放逸若能護心不放逸行廣演廣布則所作已辦能得涅槃又告比丘當修一法謂他物莫取比丘白佛我已知已佛言汝云何知比丘白佛他物謂色聲香味觸法佛言善哉若能不取此六即所作已辦能得涅槃所言廣演廣布者以不放逸心歷一切法謂三界六塵皆不放逸得至涅槃增一數明行者阿含云阿練若比丘當修一法謂

修止觀。若修止時。卽能休息諸惡。戒律威儀。諸行禁戒。悉皆不失。成諸功德。若修觀時。卽能觀苦如實知之。觀苦集。苦盡。苦出要。如實知之。得漏盡不受後有。怛薩阿竭亦如是。修增三數。明行者。謂戒定慧。此三是出世梯隥。佛法軌儀。戒經云。諸惡莫作。衆善奉行。自淨其意。是諸佛敎。諸惡卽七支過罪。輕重非違。五部律廣明其相。如是等惡。戒所防止。諸善者。善三業若散若靜。前後方便支林功德。悉是淸升。故稱爲善。自淨其意者。卽是破諸邪倒。了知世間出世間因果正助法門。能消除心垢。淨諸瑕穢。豈過於慧。佛法曠海此三攝盡若得此意四五六七乃至百千萬億法爲行攝一切行亦如是是名下智導行也通教增數行者不定部帙但取三乘共學法門今且引釋論增數以示其相論云菩薩行般若時雖知諸法一相亦能知一切法種種相雖知諸法種種相亦能知一切法一相云何觀一切法一相所謂觀一切法無相如四大各各不相離地中有水火風但地多以地爲名水火風亦如是今觀無此異相若火中有三大三大應併熱若三大在火中三大遂不熱則不名火若三大併熱則三大捨自性皆名爲火無復三大若言有

三大而細不可知此與無何異若麤可得則知有細若無麤細亦無如是則火中諸相不可得一切法相亦不可得是故一切法皆一相此以一相破異相復以無相破一相無相亦自滅如前火木然諸薪已亦復自燒是爲觀一切法一相一相無相如是無量一切法悉皆一相一相無相或二法爲行攝一切行乃至百千萬億法爲行攝一切行可以意推不復繁記別教增數行者如善財入法界中說於一善知識所各聞一法爲行或如幻三昧或投巖赴火算砂相麡發菩提心等種種一行皆云佛法如海我惟知此一

法門餘非所知。乃至一百一十善知識一一法門皆如是。一一行皆破無明入深境界。若二法三法百千萬億等法。亦應如是。圓教增數行者。如文殊問經明菩薩修一行三昧。當於靜室結加趺坐。繫緣法界。一念法界。一切無明顛倒。永寂如空。此之一行。即是一切無礙人。一道出生死。一切諸法中。皆以等觀入。解慧心寂然。三界無倫匹。此乃一行攝一切行。增二法為行攝一切行。所謂止觀。增三法為行攝一切行。謂聞思修。戒定慧。增四法為行攝一切行。謂四念處。增五法為行攝一切行。謂五門禪。增六法為行攝一切行。謂六波羅蜜。增七法爲行攝一切行。謂七善法。
增八法爲行攝一切行。謂八正道。增九法爲行攝一
切行。謂九種大禪。增十法爲行攝一切行。謂十境界。
或十觀成乘等。增百數千萬億數阿僧祇不可說法
門爲行。豈可具載。若得其意。例可解。然增數明行爲
行不同。須判麤妙。若三藏增數諸行。以生滅智導。但
期出苦止息化城。是故爲麤。通教增數諸行。體智雖
巧。但導出苦灰斷。是同別增數行。智導則遠。自淺階
深。而諸行隔別。事理不融。是故爲麤。圓增數行。行融
智圓。是故爲妙。今經屬圓增數。如觀經云。於三七日。

一心精進。此就一法論行妙。若行若坐思惟此經。此就二法論行妙。若聞此經思惟修習善行菩薩道。此就三法論行妙。四安樂行。此就四法論行妙。五品弟子。此就五法論行妙。六根清淨。此就六法論行妙。如是等待麤論妙也。開顯者。低頭舉手積土弄砂皆成佛道。雖說種種法。其實為一乘。諸行皆妙。無麤可待。待即絕矣。別約五數廣明次不次行。不能具錄。尋之。

第四位妙者。諦理既融。智圓無隔。導行成妙。三義已顯。體宗用足。更明位妙者。行之所階也。但位有權實。布在經論。若成論毘曇判位。言不涉大。地攝等論

判位別敘一途義不兼括方等諸經明位瓔珞已判
淺深般若諸經明位仁王盛談高下而未彰麤妙今
經位名不彰而意兼大小粗判權實然梵文不盡度
本經必有今藥草喻品但明六位文云轉輪聖王釋
梵諸王是小藥草知無漏法能得涅槃獨處山林得
緣覺證是中藥草求世尊處我當作佛行精進定是
上藥草又諸佛子專心佛道常行慈悲自知作佛決
定無疑是名小樹安住神通轉不退輪度無量億百
千衆生是名大樹道取長行中一地所生一雨所潤
及後文云今當為汝說最實事以為第六位也前三

義是藏中位小樹是通位大樹是別位最實事是圓位小草位者人天乘也四種輪王六欲天乃至色無色界等皆約果報明位果報旣有優劣當知修因必有淺深中草位者卽二乘也聲聞七賢七聖及二種辟支各有大小上草位者卽三藏菩薩也從初發心緣四諦發四弘於三阿僧祇劫具行六度百劫種相好因至菩提樹下以三十四心一時斷結則名爲佛小樹位者卽通教三乘共十地位而菩薩別得法忍之名大樹位者別教位也如瓔珞所明五十二位初十信爲外凡次十住習種性十行性種性十迴向道

種性為內凡十地聖種性及等覺性為分證妙覺性為究竟次明最實位者即圓教位也有言頓悟即佛無復位次之殊引思益云如此學者不從一地至十地又有言頓悟初心即究竟圓極而有四十二位者是化鈍根方便立淺深之名耳引楞伽云初地即二地二地即三地寂滅眞如有何位次又有言初頓悟至十住即是十地而說有十行十迴向十地者此是重說耳今謂諸解悉是偏取然平等法界尙不論悟與不悟孰辨淺深既得論悟與不悟何妨論於淺深究竟大乘無過華嚴大集大品法華涅槃雖明法界

平等無說無示而菩薩行位終自炳然文有人言平等法界定無位次今例難此語眞諦有分別耶眞諦無分別耶見眞之者判七賢七聖二十七賢聖等今實相平等雖無位次見實相者判位次何咎大論云譬如入海有始入者到中者至彼岸者若見眞判位如江河淺深若實相判位如入海淺深故普賢觀云大乘因者諸法實相大乘果者亦諸法實相論諸次位非徒臆說隨順契經以四悉檀明位無妨還約七種以明階位謂十信十住十行十向十地等覺妙覺今於十信之前更明五品之位一隨喜二讀誦三講

說四兼行六度五正行六度具在全本疏之麤妙者小草止免四趣不動不出中草雖復動出智不窮源恩不及物上草雖能兼濟滅色為拙小樹雖巧功齊界內故其位皆麤大樹實位同緣中道皆破無明俱有界外功用而別教從方便門曲徑紆迴所因處拙其位猶麤圓教直門是故為妙開顯者若破三顯一相待之意可得如前若即三是一絕待之意義則不爾何者昔權蘊實如華含蓮開權顯實如華開蓮現離此華已無別更蓮離此麤已無別更妙何須破麤往妙但開權位即顯妙位也開生死麤心者明凡夫

有反復易發菩提心生死卽涅槃無二無別卽麤是妙也若始從凡夫發析體別圓四心者亦是初心皆是因緣所生心卽此因緣卽空卽假卽中與圓初心無二無別若開六度權位行者權卽因緣生法卽空卽假卽中開權得見佛性乃至般若亦如是方便聲聞未入位者開顯亦如是三藏斷結位若未開顯永無反復如焦種無芽今開析空卽假卽中次開通教二乘菩薩亦如是出假菩薩位者決了此假假卽是中開別十信位者同前開十住同二乘開十行同出假開十迴向伏無明位卽此而中若登地之位不決

了者秖是拙度之位今決此權令得顯實若決諸權或挍位妙或進入妙無麤可待同成一妙　第五三法妙者斯乃妙位所住之法即三軌也軌名軌範還是三法可軌範耳一眞性軌二觀照軌三資成軌名雖有三秖是一大乘法也大經云佛性者亦一非一非一非非一亦一者一切衆生悉一乘故此語第一義諦非一者如是數法故此語如來藏非一非非一者數非數法不決定故此語第一義空秖是一法亦名三耳故不可單取不可復取不縱不橫而三而一前明諸諦若開若合若麤若妙等已是眞性軌相前

明諸智若開若合若麤若妙等已是觀照軌相前明諸行若開若合若麤若妙等已是資成軌相前明諸位秖是修此三法所證之果今重說有三義一者前境智行是因中所乘之三軌今明乘是大乘已至道場證果所住之三軌也二者前作境智等名別說今作法名合說三者前直爾散說不論本末今遠論其本即是性德三軌亦名如來之藏極論其末即是修德三軌亦名秘密藏本末含藏一切諸法從性德之三法起名字之三法因名字之三法修觀行之三法發相似之三法乃至分證之三法究竟之三法自成

三法化他三法爲是義故應重說也歷四教名論三法者三藏中以無爲智慧名觀照軌正爲乘體助道成乘具名資成軌正助之乘斷惑入眞眞是眞性軌教來詮此故以教爲乘緣覺亦爾菩薩以無常觀爲觀照功德肥爲資成坐道場斷結見眞爲眞性此教詮眞乘是教乘從三界中出到薩婆若中住言教已盡故無教乘眞不能運故證非乘故有索車之意。一通教以眞性軌爲乘體何以故即色是空事中有理。此理即眞故爲乘體以即空慧爲觀照衆行爲資成此教證眞乘是教乘從三界出到薩婆若中住菩薩出三界已用行爲乘淨佛國土敎化衆生乃至道場方可名住亦是有敎無人無誰住者亦是敎謝證寂無復運義亦有索車之意三明別敎三法者以緣修觀照爲乘體諸行是資成以此二法爲緣修智慧慧能破惑顯理理不能破惑理若破惑一切衆生悉具理性何故不破若得此慧則能破惑故用智爲乘體故大經云無爲無漏名菩薩僧卽是一地二地乃至十地智慧名智慧莊嚴以此智慧通運十地故爲乘體四明圓敎三法者以眞性軌爲乘體不僞名眞不改名性卽正因常住諸佛所師謂此法也一切衆生

亦悉一乘衆生即涅槃相不可復滅涅槃即生死無滅不生故大品云是乘不動不出即此乘也觀照者秖點眞性寂而常照便是觀照即是第一義空資成者秖點眞性法界含藏諸行無量衆具即如來藏三法不一不異如點如意珠中論光論寶光寶不與珠一不與珠異不縱不橫三法亦如是亦一亦非一亦非一非非一不可思議之三法也若迷此三法即成三障一者界內界外塵沙障如來藏二者通別見思障第一義空三者根本無明障第一義理若即塵沙障達無量法門者即資成軌得顯若即見思障達第

一義空者觀照執得顯若卽無明障達第一義諦者眞性執得顯眞性執得顯名爲法身觀照得顯名爲般若資成得顯名爲解脫此兩卽是定慧莊嚴莊嚴法身法身是乘體定慧是衆具下文云其車高廣衆寶莊校是名圓教行人所乘之乘到薩婆若過茶字無可說自行運畢運他不休故言佛自住大乘如其所得法定慧力莊嚴以此度衆生卽其義也麤妙者三藏於有爲福德論三法爲乘四念處是聞慧乘於教乘到四善根四善根乘於行乘到見諦見諦乘於證乘到無學旣是權法出三界外以眞爲證證則不

運不見實乘三法皆麤通教即空慧三法為乘巧餘意大同別教以資成資於觀照觀照開於眞性三法為乘十信乘教十住乘行十地乘證到妙覺薩婆若中住緣修成即謝惟眞修在資成在前觀照居次眞性在後此三豎別縱非大乘此三並異橫非大乘是方便法是故為麤圓教點實相為第一義空名空為縱第一義空即是實相實相不縱此空豈縱點實相為如來藏名之為橫如來藏即實相實相不橫此藏豈橫故不可以縱思不可以橫思故名不可思議法即是妙也秖點空藏為實相空藏縱橫實相那不縱

橫秖點空爲如來藏空既不橫藏那得橫點如來藏爲空藏既不縱空那得縱點實相爲空藏實相非縱非橫空藏亦非縱非橫宛轉相卽不可思議故名爲妙秖點如來藏爲廣點第一義空爲高故言其車高廣如來藏卽實相故其車非廣第一義空卽實相故其車非高秖實相是空那得非高秖實相是如來藏那得非廣又點實相爲如來藏故言衆寶莊校又多僕從而侍衛之點實相爲第一義空故言有大白牛肥壯多力行步平正其疾如風智慧無染名爲白能破惑故多力中道慧名平正入無功用故其疾如風

不思議三法共成大車豈有縱橫並別之異如是教乘不縱不橫五品所乘到於似解如是行乘不縱不橫似解所乘到於十住如是證乘不縱不橫十住所乘到於妙覺薩婆若中住故名妙乘文言是乘微妙淸淨第一開顯者約大經三句也經言佛性亦一者一切衆生悉一乘故此是不動不出之一乘故具足三法不縱不橫夫有心者皆備此理而其家大小都無知者是故爲麤今示衆生諸覺寶藏耘除草穢開顯藏經一切無礙人一道出生死十方諦求更無餘乘惟一佛乘是故爲妙經言佛性亦非一非非一數

非數法不決定故若執緣修習慧定能顯理慧自非理則照用不明不見佛性是故爲麤今開定執之慧即不決定慧即慧而理即理而慧不執著數定三定一不著非數非三非一如此乃名無著妙慧能破一切定相及不定相亦無能破所破如輪王能破能安如日除暗生物如醫除膜養珠即是大乘不縱不橫之妙慧也經言佛性亦非一說三乘故即是三乘五乘七乘等諸方便乘若住諸乘但是事善及以偏眞通入處近是故爲麤今若決了諸乘即是如來藏藏名佛性從人天善乃至別乘皆不動本法即是於妙

當知三句攝一切法無非佛性悉皆是妙無麤可待即絕待妙也始終者不取五品教乘為始乃取凡地一念之心具十法界十種相性為三法之始何者十種相性秖是三軌如是體即眞性軌如是性性以據內即觀照軌如是相相以據外即福德資成軌力者了因是觀照軌作者萬行精勤即是資成因者習因屬於觀照緣者報因屬資成果者習果屬觀照報者習報屬資成本末等者空等即觀照假等即資成中等即眞性直就一界十如論於三軌今但明凡心一念即皆具十法界一一界悉有煩惱性相惡業性相

苦道性相。若有無明煩惱性相、即是智慧觀照性相、何者。以迷明故。起無明。若解無明。即是於明。大經云。無明轉即變爲明。淨名云。無明即是明。當知不離無明而有於明。如冰是水。如水是冰。又凡夫心一念即具十界。悉有惡業性相。秖惡性相即善性相。由惡有善離惡無善。翻於諸惡即善資成。如竹中有火性。未即是火事。故有而不燒。遇緣事成。即能燒物。惡即是善。未即是事。遇緣成事。即能翻惡。如竹有火。火出還燒竹。惡中有善。善成還破惡。故即惡性相是善性相也。凡夫一念皆有十界識名色等苦道性相。迷此苦道生死浩然此是迷法身為苦道不離苦道別有法身如迷南為北無別南也若悟生死卽是法身故云苦道性相卽是法身性相也夫有心者皆有三道性相卽是三軌性相故淨名云煩惱之儔為如來種此之謂也若言如是力如是作者菩提心發也卽是眞性等萌動如是因者卽是觀照萌動如是緣者卽是資成萌動如是果者由觀照萌動成習因感得般若習果滿也如是報者由資成萌動為緣因感得解脫報果滿也果報滿故法身亦滿是為三德究竟滿名祕密藏本末等者性德三軌冥伏不縱不橫修德三

軌彰顯不縱不橫。冥伏如等數等妙等。彰顯如等數等妙等。故言等也。亦是空等假等中等類通者。前以三軌之法從始至終。即是豎通無礙。今欲橫通諸法悉使無礙類通諸三法。何者。赴緣名異得意義同麤通十條餘者可領。三道三識。三佛性。三般若。三菩提。三大乘。三身。三涅槃。三寶。三德諸三法無量止用十者。舉其大要明始終耳。三道輪迴生死本法。故爲初。若欲逆生死流須解三識知三佛性起三智慧發三菩提心行三大乘證三身成三涅槃是三寶利益一切。化緣盡入於三德住秘密藏類通三道者眞性軌

即苦道觀照軌即煩惱道資成軌即業道六即云云
二識者菴摩羅識即眞性軌阿梨耶識即觀照軌阿
陀那識即資成軌三佛性者眞性軌即正因性觀照
軌即了因性資成軌即緣因性三般若者眞性是實
相般若觀照是觀照般若資成是文字般若三菩提
者眞性即實相菩提觀照即實智菩提資成即方便
菩提三大乘者眞性即理乘觀照即隨乘資成即得
乘三身者眞性即法身觀照即報身資成即應身三
涅槃者眞性即性淨涅槃觀照即圓淨涅槃資成即
方便淨涅槃一體三寶者眞性即法寶觀照即佛寶

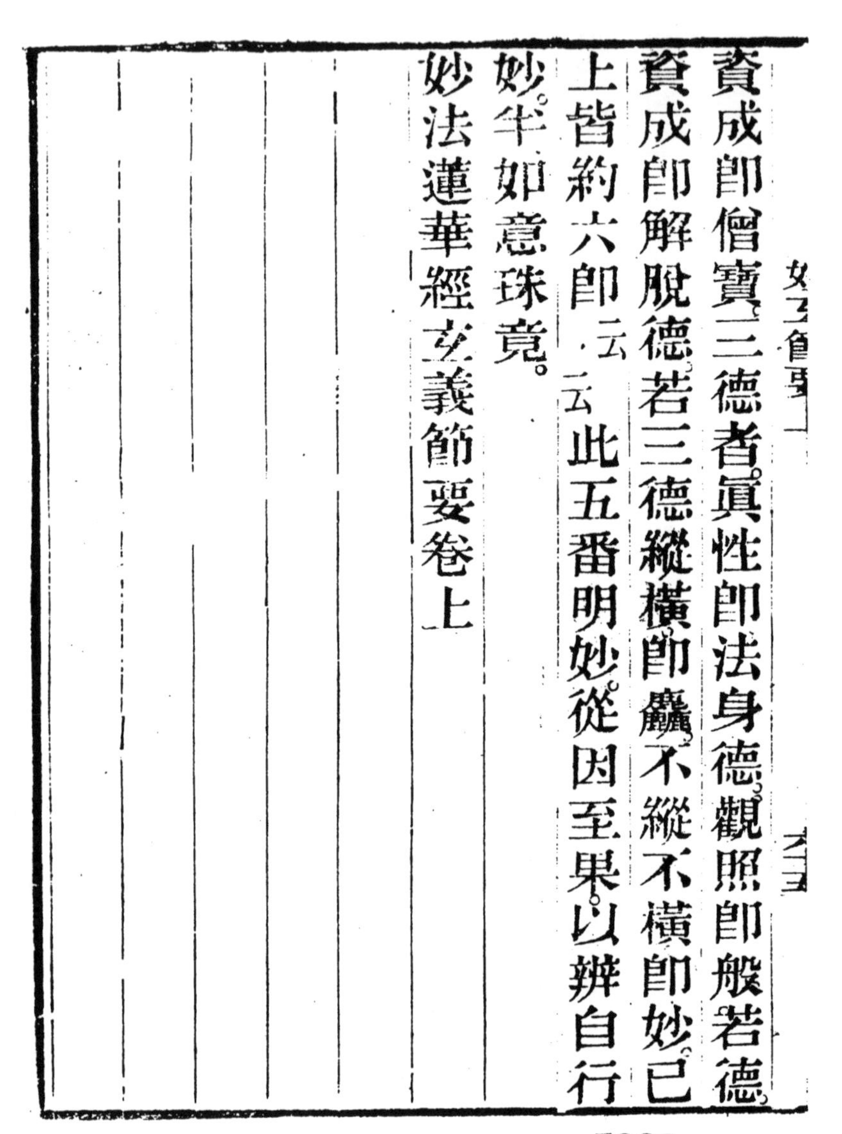

資成即僧寶三德者眞性即法身德觀照即般若德資成即解脫德若三德縱橫即麤不縱不橫即妙已上皆約六即云云此五番明妙從因至果以辨自行妙半如意珠竟

妙法蓮華經玄義節要卷上

妙法蓮華經玄義節要卷下

天台智者大師說　章安尊者灌頂記

蕅益比丘智旭節

第六明感應妙者。上來四妙。名為圓因。三法秘藏。名為圓果。境妙究竟顯。名毘盧遮那。智妙究竟滿。名盧舍那。行妙究竟滿。名釋迦牟尼。三佛不一異。不縱橫。故名妙果。果智寂照。有感必彰。故明感應妙也。感屬於機。機有三義。微義。關義。宜義。應屬於聖。亦有三義。赴義。對義。應(平聲)義。若微釋機。赴釋應。即世界悉檀也。關釋機。對釋應。即對治悉檀也。宜釋機。應釋應。即為人第一義二悉檀也。生事善是爲人。生理善是第一義。約善惡明機相。約慈悲論應相。通論三世善惡皆得爲機。別論但取未來善惡以爲正機。何者。過去已謝。現在已定。祇爲拔未來惡。生未來善耳。畧言爲四。一冥機冥應。若過去善修三業。現在未運身口。藉往善力名爲冥機。雖不現見靈應而密爲法身所益。不見不聞而覺而知。是爲冥益。二冥機顯應。過去植善。冥機已成。便得值佛聞法。現前獲利。是爲顯益。如佛初出世。最初得度之人。現前何嘗修行。諸佛照其宿機。自往度之。卽其義也。三顯機顯應。現在身口精勤不懈而能感降。如須達長跪。佛往祇洹。月蓋曲躬。聖居門閫。乃至行人道場禮懺。能感靈瑞也。四顯機冥應。如人雖一世勤苦。現善濃積。而不顯感。但冥有其利。若解四意。一切低頭舉手。福不虛棄。終日無感。終日無悔。設見喜殺長壽。好施貧乏。不生邪見。若不解此者。謂其徒功喪計。憂悔失理。釋論云。今我疾苦。皆由過去。今生修福。報在將來。正念無僻。得此四意也。略舉四句如此。若具足辨者。用四機為根本。所謂冥機。顯機。亦冥亦顯機。非冥非顯機。冥是過去。顯是現在。冥顯是過現。非冥非顯是未來。於一句中。復為四句所謂冥機冥應冥機顯應冥機亦冥亦顯應冥機非冥非顯應餘三機亦如是成十六句機既召應應亦有十六句一機而感四應一應而赴四機機應各爲十六合成三十二句就前根本四句便是三十六句機應也又約一人身業機具三十六三業即有一百八機約三世三業則有三百三十四一界既爾十法界卽有三千二百四十機應不同自行既爾化他亦然合六千四百八十機應若就十界交互則增九倍都六萬四千八百機應也麤妙者機有麤妙且如阿鼻得具十機九界機爲麤佛界機爲妙餘例可知

應有麤妙。三藏通教等聖。但是作意神通。無常住本。約何起應。若別接通。別惑未斷。亦不得應。縱令赴物。皆名麤應。若別圓兩教初心伏惑。未能有應。初地初住。三觀現前。證二十五王三昧。法身清淨。無染如虛空湛然應一切。無思無念。隨機即對。如月現百水鏡寫千像。是名妙應。開顯者。若九界機麤。佛界機妙。未得法身應麤。得法身應妙者。諸大乘經華嚴等明麤妙相隔。二乘不聞不解。如瘂如聾。無量義經明麤妙。從一理出生無量麤妙機應。一理為妙。出生無量為麤。此則從妙出麤。隔而未合。今經無量還為一。此則開權顯實秖麤是妙。何者。本顯一理作諸方便方便卽是眞實。故云。凡有所作惟爲一事。未曾暫廢。譬如三草二木秖是一地所生。卽是同源機一。一雨所潤卽是同受應一。愚者未解。謂草木四微永非是地。智者了達四微生秖是地變。四微滅秖是地還。豈有草木而非於地耶。此卽開權而顯實。決了聲聞法。是諸經之王。九法界機。皆佛界機。四聖之應。無非妙應也。釋籤云。觀心感應妙者。境如感。智如應。境智和合卽感應道交。具如止觀煩惱境中諸法般若三十六句。智照於境一十六句如四應赴機。境發於智一十六句。如四機感應。應中一切智如眞。道種智如顯。兩智並爲亦眞亦顯。一切種智如非眞非顯。境中眞境如眞。俗境如顯。兩境如亦眞亦顯。第一義如非眞非顯。境之與智。不出色心。色心淨故。般若亦淨。色心秖是三業。三業爲境。用智觀之。是故亦可對前三業機感。又三諦之境。不出十界。界必交互。及以自他。故亦對前十界自他。故知觀心感應義足。

第七神通妙者。前論機應。止是辨其可生可赴之相。若正論化用。益他卽是三輪不思議化。謂身輪口輪他心輪。普門品但有二文。而兼得三意。遊於娑婆世界。卽身輪。而爲說法即口輪。如見蓮華大。知池水深。若見說法大。則知智慧大。故兩輪兼示他心輪也。示身輪者。即是示藥樹王身。如意珠王身。示口輪者。即是示毒鼓天鼓。此是慈悲熏於身口。則有二身示現。二鼓宣揚。若示心輪。即是隨自意隨他意等。亦是同於病行嬰兒行也。上辨機感相關。而妙理難顯。應須神通發動。現於瑞相。密表乎理。稱神通者。瓔珞云。神名天心。通名慧性。天然之性。通達無礙。地持云。神謂難測知。通謂無壅礙。天心即是難測知義。慧性即是無壅礙義。不同者。鬼道報得通。人能服藥亦得通。外道依根本禪亦發通諸天報得通。二乘依背捨勝處一切處修十四變化發得神通。六度菩薩因禪得五通。坐道場時能得六通通教菩薩因禪得五通。依體法慧得無漏通。別教地前依禪發五通。登地正發無漏通任運常照不以二相見諸佛土。圓教通者。依今經及普賢觀以鼻舌兩根以爲六數。他心宿命入意根攝。六根之通。不依事禪而發。此乃中道之眞。眞自有通任運成就。名無記化化禪。不別作意。故名無記任運常明。如阿修羅琴。化復作化。故言化化。中道眞通任運如此。與餘通異。論其修習皆緣實相常住之理。文云。得是常眼根淸淨。央掘云。所謂彼眼根。於諸如來常。具足無減修。了了分明見。乃至耳鼻舌身意。皆於諸如來常具足無減修。了了分明聞知等。彼者。於佛爲自。於衆生爲彼。衆生謂爲無常。於如來是常也。依禪而修。名爲減修。依實相修。名無減修。不見佛性。名不了了見。若見佛性。名了了見。又見實相理。名了了。識法界事。名分明也。見有二種。一相似見。如六根淸淨中辨二眞見。如華嚴所明佛眼耳鼻舌身意也。此經中亦明眞身遍相。所謂普現色身。示一切衆生所喜見身。卽是外身遍也。現身如瑠璃。十方諸佛悉於中現。卽是內現身通。餘根內外示現。亦可例知。是則圓教神通。異於前辨。然神通度物。非但變己身同其正報。亦變己國土同其依報。如瓔珞云。起一切國土應。一切衆生應也。應同正報者。卽是示爲十法界像。應同依報者。卽是同十法界所依處也。若應同四惡趣身者。用觀惡業慈悲熏無記化化禪。應作地獄等形。乃至修羅等像。各各皆見同其事業。若應人天身者。是用觀善業慈悲熏無記化化禪。作善道身。乃至各見同其事業。若應作三藏二乘者。用析空慈悲熏無記化化禪。起老比丘像。共僧布薩等。若應通教者。用卽空慈悲熏應別教者用即假即中慈悲熏應圓教者用即中慈悲熏無記化化禪乃至各見同其事業如是應同正報不可稱記可以意知不可言盡若得此意往望五味教中乳教所用神力若多若少但表兩意一麤一妙三藏用神力若多若少但爲一麤方等三麤一妙般若二麤一妙此經惟爲一妙所以序品中瑞相有十咸皆表妙地皆嚴淨表理妙放眉間光表智妙入於三昧表行妙天雨四華表位妙旃檀香風表乘妙四衆咸有疑表機見萬八千土表應此二是感應妙地六種震動表神通妙天鼓自鳴及而爲說法

表說法妙。天龍大衆歡喜表眷屬妙。又見佛子種種修行表利益妙。若應同依報者有兩意。若國土苦樂由於衆生非佛所作。佛但應同而已。若作折伏攝多者。佛鑒機緣。或作苦國或作樂國。若苦樂由佛不關衆生初意可知。若作伏攝義者。佛以觀惡慈悲與無記化化禪合。起於穢國。折伏攝受四趣衆生。乃至以即中慈悲與無記化化禪合。或起淨國或起穢國。折伏攝受圓教菩薩衆生。如是種種轉變爲國不同。皆由如來神力轉變。今將此依正轉變待三教作意神通悉名爲麤。又就無記化化禪所作神變自論麤妙。若為九界衆生用方便神力作淨作穢若廣若狹悉名為麤若為佛界衆生用眞實神力作淨作穢若廣若狹悉名為妙如經放眉間光照萬八千土及三變土田比餘經神力何足為多但為開發大事故言妙也約五味論麤妙可知又諸經妙同麤異麤有二種一難轉麤二易轉麤易轉者於諸經中已得為妙難轉者今於法華無復兩麤但有一妙惟一大佛事因緣曾無他事假同九界神通衆生自謂他事於佛常是佛事客作自謂賤人長者審知是子此即相待神通妙也又諸經諸麤神通隔妙神通今經皆開權顯實

同妙神通。是名絶待明妙。　第八說法妙者諸法不可示。不言辭相寂滅。有因緣故亦可說示。前藥珠二身先以定動。今毒天二鼓。後以慧拔。演說一乘。無三差別。皆悉到於一切智地。其所說法。皆實不虛。是故次說法妙。即爲六意。一釋法名。二分大小。三對緣同異。四判所詮。五明麤妙。六明觀心。釋法名者。一修多羅此云法本。亦云契經。亦云線經。諸經中直說者是。二祇夜此云重頌。諸經中偈。四五七九言句少多不定。重頌上者是也。三和伽羅那此云授記。說三乘六趣九道劫數當得作佛。若後爾所歲當得聲聞支佛。乃至當受六趣報。皆名授記。四伽陀。此云不重頌。亦略言偈。四五七九言等。四句為頌。如此間詩頌。五優陀那。此云無問自說。或理深意遠無人能問。或非不可問。但聽者宜聞。佛為不請之師。不待問自說也。六尼陀那。此云因緣。修多羅中有人問。故為說是事。毘尼中有人犯是事。故結是戒。一切佛法緣起事。皆名尼陀那。七阿波陀那。此云譬喻。與世間相似柔軟淺語。八伊帝目多伽。此云如是語。即是結句。言我先許說者。今已說竟。亦云本事。說諸弟子本事因緣。九闍陀伽。此云本生。說佛本曾為師子等。十毘佛略。此云方廣。爲得阿耨三菩提故說也。十一阿浮陀達磨。此云未曾有。如佛現種種神力放光動地等。衆生怪未曾有。十二優波提舍。此云論義。答諸問者。釋其所以。廣說諸義。如是等問答解義。皆名優波提舍。佛自說論義經。迦旃延所解。乃至像法凡夫如法說者。亦名優波提舍經也。一分大小者。此經指九部爲入大之本。則九部是小。三部是大。蓋別語耳。通而爲言。小亦有記莂無問自說廣經。又有人言。大乘九部。除因緣譬喻論義。大乘根利。不假此三。斯亦別論。通語大乘何得無此三耶。有經言。小乘但讓廣經一部。大乘說如來是常。一切衆生皆有佛性。正理爲方。包富爲廣。又理融無二。亦名爲等。聲聞中所無。但十一部。應知通有十二。爲緣別說。或讓三。或讓一。以判大小耳。三對緣同異者。緣。卽衆生。皆有十界根性。熟者先感佛知成熟未成熟。熟者應不失時。若衆生解脫緣未熟。不可全棄。對此機緣。止作人天乘說。不作修多羅等名。若衆生有小乘根性。對此機說通則十二。別則或九或十一。若衆生有菩薩機者。不作別說。但明十二部經。又藏教直對三法界別說或九或十一。通教對四法界通說十二部法。別教對兩法界通說十二部法圓敎對一法界通說十二部法。前以無記化化禪與諸慈悲合。示現身輪。或爲國師道士儒宗。父母兄弟。乃至猴猿鹿馬。同事利益。不可稱說。令口輪說者。例如前用諸慈悲熏無記化化禪。種種不同。百千萬法。不可說不可說法藏。不可窮盡。雖復無涯。以十二部往收。罄無不盡也。四明所詮。如四敎義說。五明麤妙者。若對六道衆生說人天乘。此詮有爲。能詮所詮俱麤。若對鈍根三藏詮生滅四諦理。亦能所俱麤。通敎體法能詮雖巧。所詮亦麤。別敎能詮爲麤。所詮中道爲妙。圓敎能所俱妙。歷五味可知。又諸經詮妙。與法華不異而帶麤詮。麤詮不得合妙。是故爲麤。法華不爾。佛平等說。如一味雨。正直捨方便。但說無上道。純是一詮。又云昔毀訾聲聞。而佛實以大乘教化。又云汝等所行是菩薩道。此則融麤令妙。如此兩意異於衆經是故言妙。復有本地圓說。諸經所無。在後當廣明。又就此經明妙十二部者。修多羅名直說。今經直說中道佛慧不說六道三乘等法。故直說妙。重頌長行中道之說。故祇夜妙。龍女獻珠喜見說偈。皆孤然特起明成佛事。歎佛妙容。故伽陀妙。二萬佛所教無上道示教餘事。卽本事妙。十六王子卽本生妙。結緣覆

講大乘繫珠不論人天小乘等緣故因緣妙天華地
動二眉間光三變土田等是未曾有妙經題以法譬
爲名譬於開三顯一不譬餘事即譬喻妙身子問佛
佛答諸佛智慧門龍女智積問答論法華事即提舍
妙文云無問而自說稱歎所行道從三昧安詳而起
告舍利弗說佛智慧又宿世因緣吾今當說即無問
妙授三根佛記皆安住實智中爲人天所敬即授記
妙其車高廣智慧深遠等即方廣妙當知此經十二
意足而皆是妙此即待麤明說法妙也開顯者昔十
二十一九部不說實者今無別實異昔不實昔但言

廣不明理廣今開言廣卽理廣也開昔之異顯今之同卽絕待明說法妙第六欠觀心釋籤云應用觀心十二部經別有小卷流行者是 第九眷屬妙者無說則已說必被緣緣卽受道人也已受道故卽成眷屬譬如父母遺體攬此成身得爲天性天性親愛故名眷更相臣順故名屬行者亦爾受戒之時說此戒法授於前人前人聽聞卽得發戒師弟所由生也禪亦如是授安心法如教修行卽得發定是爲我師我是弟子慧亦如是說諸法門轉入人心由法成親親故信信故順是名眷屬也他土餘根皆利隨所用塵

起之令從得益此土耳根利故偏用聲塵故二萬佛
時教無上道十六王子覆講法華從是已來恒爲眷
屬世世與師俱生或人天眷屬或三乘眷屬或一乘
眷屬故次說法之後明眷屬妙眷屬五種一理性眷
屬二業生眷屬三願生眷屬四神通生眷屬五應生
眷屬一理性眷屬者衆生如佛如一如無二如理性
相關任運是子故云衆聖中尊世間之父一切衆生
皆是吾子不關結緣不結緣也二業生眷屬者昔以
方便結藏等四緣若信若謗因倒因起雖復得度未
度皆是眷屬令三藏佛於分段國出家成道其未度

者來牽分段爲親爲中爲怨三類受道得出生死三
願生眷屬者先世結緣雖未斷苦願生內眷屬中或
怨家等因之得道四神通眷屬者若先世値佛發眞
見諦生猶未盡或在上界或在他方今佛於分段作
佛或以願力或以通力來生下界爲親爲中爲怨輔
佛行化斷餘殘惑而出三界願通云何異約自報力
名神通約教名誓願神通生者本受報處猶有報身
以身通力分形來此若願生者報處無身願力下生
耳五應生眷屬者無明先破已得法身之本能起應
入生死其意有三一爲熟他二爲自熟三爲本緣若

別說者。業生在分段。願生通生在方便。應生在寂光。通論一處具有四種。如實報已得法身。能起應作四種眷屬。就圓結緣者。雖未斷惑。自有三種眷屬。就得道者。即是四也。別眷屬亦四可知。通藏結緣三種可知。雖無應來之應得論感應之應。就所應得名。四義宛足。麤妙者。若三藏根性眷屬。此性下劣。昔結此緣。緣亦淺小。中間以法成熟。成熟蓋少。若來生佛國。作內外眷屬業願通等。乃至應來影響三藏佛者。皆麤眷屬也。通別根性乃至內外。雖巧別有異。準例皆麤。此經說諸衆生。悉是吾子。非客作人。是理性眷屬妙。

往昔覆講結緣繫珠。中間成熟。今得授記。所謂結緣妙。成熟妙。業生妙。願生妙。應生妙。內眷屬妙。外眷屬妙。能受妙道。影嚮妙事。是故稱妙。約五味相待明妙可知。開顯者。諸經明麤眷屬。皆不見佛性。今法華定天性。審父子。非復客作。故常不輕。深得此意。知一切衆生正因不滅。不敢輕慢。於諸過去佛現在若滅後若有聞一句。皆得成佛道。即了因不滅。低頭舉手皆成佛道。即緣因不滅也。一切衆生無不具此三德。即是開麤顯妙。絕待明眷屬妙也。又法門眷屬者。如淨名云。方便為父。智度為母。法喜為妻。慈悲為女。善心

誠實爲男等。歷四教分別不同。可以意得。觀心具在
全帙。尋之　第十功德利益者。一而無異。若分別者
自益名功德益他名利益。此爲四。一來意。二正說中
利益。三流通中利益。四觀心中利益。一來意者。諸佛
所爲。未嘗空過現形說法。四種眷屬皆沾七益。二正
說中利益復爲三。先論遠益。次論近益。三論當文益。
遠益者。卽是大通佛所。十六王子助化宣揚。雙繫毒
天二鼓。善生有淺深。惑死有奢促。始入天善終至大
樹。淺益也。始初心最實終後心最實。深益也。始破不
善。終破塵沙。奢死也。始破無明終亦破無明。促死也。

感死畱促。是壽皷力。善生淺深。是天皷力。略說益相
爲七。一二十五有果報益。亦名地上清涼益。二二十
五有因華開敷益。亦名小草益。三眞諦三昧析法益。
亦名中草益。四俗諦三昧五通益。亦名上草益。五眞
諦三昧體法益。亦名小樹益。六俗諦三昧六通益。亦
名大樹益。七中道王三昧益。亦名最實事益。二十五
有因果益。堪爲業生眷屬。眞諦三昧體析益。堪爲願
生眷屬。俗諦三昧五通六通益。堪爲神通眷屬。中道
王三昧益。堪爲應生眷屬。又廣開爲十益。一果益。二
因益。三聲聞益。四緣覺益。五六度益。六通益。七別益。

八圓益。九變易益。十實報益。具如全帙委明尋之。近益者。起於寂場始成正覺。即轉法輪擊於壽天二鼓利益衆生。齊至法華。已前益亦淺深死亦奢促。亦具十益如前說。三當文利益。就今經備有七益雖復差別。即無差別。如芽莖枝葉生長不同。而是一地所生。七益誠復淺深。無非實相。故言差別無差別也。諸經差別麤益。同入此經無差別益。或進入諸妙益。或拔位成妙益。三明流通中利益者。弘通行人。具通凡聖。若法身菩薩誓願莊嚴。令此土他土下土上土。得權實七益九益十益。化功歸己。還資法身。增道損生。若生身菩薩亦能此土他土弘經。令他得權實七益。化功歸已。增道損生。而不能上土利益。若凡夫之師。亦能此土弘經。令他得權實七益。化功歸已。增益品位。然通經方法。明出聖言。文云。若衆生不信受者。當於餘深法中示教利喜。又云更以異方便助顯第一義令時人弘法或一向用大。或一向用小。皆不得佛意。善弘經者用與適時。口雖說權。而內心不違實法。但使衆生得權實七益。於弘經暢矣。然流通利益。不待第三流通段方明。秖正說文中已指未來弘經之利。譬喻品後授記品末。法師品中。皆明弘經功德利益。

四觀心中利益者。小乘明心起未動身口。不名爲業。大乘明刹那造罪殃墜無間無間是大苦報處刹那促起業處促心暫起重業已成況九法界而不具足若能淨心諸業即淨淨心觀者謂觀諸心悉是因緣生法即空即假即中一心三觀以是觀故知心非心心但有名知法非法法無有我知名無名即是我等知法無法即涅槃等此解起時於我我所如雲如幻即是地上清涼益信敬慚愧諸善心生於空假中意而有勇即是因益念念與即空相應是中上草小樹等益念念與即假相應是大樹益念念與即中相應是最實事益第四廣釋十妙竟　第五結成權實者照十麤之境爲權照十妙之境爲實十麤者即前九法界三因緣等諸麤諦智乃至麤利益皆稱權也照十妙者即是理妙乃至利益妙妙故爲實復次爲十妙故開出十麤即爲蓮故華意在於蓮而蓮隱不現於餘深法示教利喜餘法有實而實不顯文云如來方便意趣難解也又華開蓮現譬開十麤顯十妙則無復十麤惟一大事不可思議境界乃至利益若約五味四悉四門具如全帙當知諸教雖同有權實權實不同或一向實或一向權或權實相兼皆是稱當

機情緣理未融。今總就教判權實。藏通別三教是權圓教爲實。又諸教權實未融爲權。旣融開權顯實爲實。今法華是一圓教爲實。又開權故爲實。若就圓教爲語。照前三教三十麤爲權。照十妙爲實。若就開權圓融爲語。決三十麤皆成妙。但稱爲實。是故稱妙。若取悟理者。理則非權非實。不見一法。空拳誑小兒。說權說實。是則爲麤。理則非權非實。是故爲妙也　第二約本門明十妙者爲二。先釋本迹。二明十妙。釋本迹爲六。本者理本。卽是實相一究竟道。迹者除諸法實相。其餘種種皆名爲迹。又理之與事皆名爲本。說理說事皆名敎迹又理事之敎皆名爲本稟敎修行爲迹如人依處則有行跡尋跡得處也又行能證體體爲本依體起用用爲迹又實得體用名本權施體用名迹又今日所顯者爲本先來已說者爲迹約此六義以明本迹也一約理事明本迹者從無住本立一切法無住之理卽本時實相眞諦也一切法卽本時森羅俗諦也由實相眞本垂於俗迹尋於俗迹卽顯眞本本迹雖殊不思議一也故文云觀一切法空如實相但以因緣有從顚倒生二理敎明本迹者卽是本時所照二諦俱不可說故皆名本昔佛方便說

之。即是二諦之教。教名爲迹。若無二諦之本。則無二種之教。若無教迹。豈顯諦本。本迹雖殊。不思議一。文云。是法不可示。言辭相寂滅。以方便力故。爲五比丘說。三約教行爲本迹者。最初稟昔佛之教。以爲本。則有修因致果之行。由教詮理而得起行。由行會教而得顯理。本迹雖殊。不思議一。文云。諸法從本來。常自寂滅相。佛子行道已。來世得作佛。四約體用名本迹者。由昔最初修行。契理證於法身爲本。初得法身本故。即體起應身之用。由於應身得顯法身。本迹雖殊。不思議一。文云。吾從成佛已來。甚大久遠。但以方便教化衆生作如此說五約權實明本迹者實者最初久遠實得法應二身皆名爲本中間數數唱生唱滅種種權施法應二身皆名爲迹非初得法應之本則無中間法應之迹由迹顯本本迹雖殊不思議一文云是我方便諸佛亦然六約今已論本迹者前來諸教已說事理乃至權實者皆是迹也今經所說久遠事理乃至權實者皆名爲本非今所明久遠之本無以垂於已說之迹非已說迹豈顯今本本迹雖殊不思議一文云諸佛法久後要當說眞實若約已今論本迹者指已爲迹攝得釋迦寂場已來十麤十妙悉

名為迹指今為本總遠攝最初本時諸麤諸妙皆名
為本若約權實名本迹者指權為迹別攝得中間種
種異名佛十麤十妙皆名為權指實為本攝得最初
十麤十妙悉名為實若約體用名本迹者指用為迹
攝得最初感應神通說法眷屬利益等五妙指體為
本攝得最初三法妙也若約教行為本迹者指行為
迹攝得最初行妙位妙指教為本攝得最初本時智
妙若理教為本迹者指理為本攝得本初之境妙指
教為迹攝得本時之師教妙兼得本師十妙若理事
為本迹者指事為迹攝得本時諸麤境指理為本攝

得本時諸妙境最初之本。但本而非迹。最後已說。但迹而非本。中間亦迹亦本。若無本時之本。不能垂得中間最後之迹。若無已說之迹。不能顯得今說之本。本迹雖殊。不思議一也　二明本十妙者。一本因妙二本果妙。三本國土妙。四本感應妙。五本神通妙。六本說法妙。七本眷屬妙。八本涅槃妙。九本壽命妙。十本利益妙。本因妙者。本初發菩提心行菩薩道所修因也。若十六王子在大通佛時弘經結緣。皆是中間所作。非本因也。過是塵點劫前所行道者。名之爲本因妙。本果妙者。本初所行圓妙之因。契得究竟常樂我淨。乃是本果。不取寂場舍那成佛為本果也。但取成佛已來甚大久遠初證之果。名本果妙。本國土者本既成果。必有依國。今既迹在同居或在三土。中間亦有四土。本佛亦應有土。復居何處。文云。自從是來我常在此娑婆世界說法敎化。按此文者實非今日迹中娑婆亦非中間權迹處所。乃是本之娑婆卽本土妙也。本感應者。卽已成果卽有本時所證二十五王三昧慈悲誓願機感相關。能卽寂而照故言本感應也。本神通者。亦是昔時所得無記化化禪與本因時諸慈悲合。施化所作神通駭動最初可度衆生。故言本神通也。本說法者。卽是往昔初坐道場始成正覺初轉法輪四辯所說之法名本說法也。本眷屬者。本時說法所被之人。如下方住者彌勒不識卽本之眷屬也。本涅槃者。本時所證斷得涅槃。亦是本時應處同居方便二土有緣旣度唱言入滅卽本涅槃也。本壽命者。旣唱入滅則有長短遠近壽命也。本利益者。本業願通應等眷屬八番十番饒益者是也。此十種義赴緣直說散在經文。今以本因居初者必由因而致果。果成故有國。極果居國卽有照機。機動則施化施化則有神通。神通竟次爲說法。說法所被卽成眷屬。眷屬已度緣盡涅槃。涅槃故則論壽命長短。長短之壽所作利益。乃至佛滅度後正像等益。義乃無量。止作十條。收束始終。復成次第也。迹本同異者。迹中因開而果合。合習果報果為三法妙也。本中因合而果開。開習果出報果。明本國土妙也。作此同異者。依於義便。互有去取。迹中委悉明境智行位。本文語略。道束為因妙。得意知是開合耳。果妙即是迹中三軌妙也。感應神通說法眷屬名皆同上。本開涅槃壽命妙者。久遠諸佛如燈明迦葉佛等。皆於法華即入涅槃。義推本佛。必是淨土淨機。又往事已成。故開出涅槃等妙。迹中無此二義者。釋迦雖於法華唱言涅槃。而未滅度。此事方在涅槃。故迹中不辨。利益同上。廣釋如全帙。麤妙者。若迹中已待十麤為麤。十妙為妙。未開十麤為麤。開十成妙。具如前說迹中若待麤妙。若開麤妙。此妙不異本妙。而言始得。始得為麤。本中先成。若麤若妙。若開麤妙。亦不異迹妙。而是先得先得稱妙。又迹中事理始得為麤。本中事理先得為妙。理教教行體用權實等亦如是。又若未發迹顯本者。但解迹中事理之麤妙。終不能解本中之事麤況解本中之理妙。彌勒尚不達。何況餘人。若發迹中之事理即顯本中之事理亦知由本中之事理能垂迹中之事理迹既由本則本妙迹麤既有本迹之殊故言麤妙妙理則非迹非本不思議一也理教教行體用權實已今等亦如是權實者照迹中十麤之境爲權照迹中十妙之境爲實乃至中間三世所照十麤之境爲權十妙之境爲實若權若實悉皆是迹迹故稱權如是中間無量無量不可說節節權實餘經尚無中間一番之權況一番之實尚無中間一番權實況無量番尚無中間權實況有本地權實中間權實皆名爲權本初照十麤十妙皆名爲實迹權本實俱

不思議。不思議即是法性。法性之理。非古非今。非本非迹非權非實。但約此法性論本迹權實麤妙耳。但以世俗文字有去來今。非謂菩提有去來今也。復次分別權實則有三種。謂自行化他自行化他。具如境妙中說。本地自行所證權實二智。名佛自行權實。從本已來。乃至鹿苑。種種方便隨他意語。說此二智。迴轉無方。名佛化他權實二智。化他雖有二種。皆名為權。自行雖亦二種。皆名為實。是名自行化他合說權實。復次迹中約實施權。意在於實。而實意難測。何者。化城是權。而人作實解。是不識權。亦不知實。若廢權顯實意在於權權則易測何者旣知化城一事是佛權施則偏達恒沙佛法遠通久遠方便故華嚴中明爲阿毘跋致多明事數卽其義也若開權顯實者達事法已權意卽息亦不離權遠求於實權卽是實無復別權故言開權顯實也迹中旣有三意如此迹由本垂本亦如是本迹雖殊不思議一也觀心者本妙長遠豈可觀心雖不卽是亦不離心何者佛如衆生如一如無二如佛旣觀心得此本妙迹用廣大不可稱說我如如佛如亦當觀心出此大利亦願我如速如佛如故文云聞佛壽無量深心須臾信其福過於

彼願我於未來長壽度衆生。如今日世尊諸釋中之王。道場師子吼說法無所畏。我等於未來。一切所尊敬。坐於道場時說壽亦如是。此卽觀心本妙得六卽利益之相。　次釋蓮華者。權實難顯借蓮華譬於妙法。又七喩文多。故以譬標題。又解云。蓮華非譬當體得名。類如劫初萬物無名。聖人觀理。準則作名。如蛛羅引絲。傚之結網。蓬飛獨運。依而造車。浮槎泛流而立舟。鳥迹成文而寫字。皆法理而制事耳。今蓮華之稱。非是假喩。乃是法華法門。法華法門淸淨因果微妙。此法門爲蓮華。卽是法華三昧當體之名。非譬喩

也餘經多自釋名此經無解或是其文未度耳而此
兩釋皆有道理今融二意利根即名解理不假譬喻
但作法華之解中下未悟須譬乃知以易解之蓮華
喻難解之蓮華故有三周說法逗上中下根約上根
是法名約中下是譬名三根合論雙標法譬如此解
者與誰為諍耶蓋依正因果悉是蓮華之法何須譬
顯為鈍根人不解法性蓮華故舉世華為譬亦應何
妨然經文兩處說優曇鉢華時一現耳此華若生輪
王應出若說此經即授佛記此靈瑞華似蓮華故故
以為喻若從此意即是借喻喻於妙法夫喻有少喻

徧喻如以月喻面不得求其眉目雪山況象不可覓其尾牙今法華三昧無以爲喻喻此蓮華華有多種已如前說唯此蓮華華果俱多可喻因含萬行果圓萬德又餘華麤喻九法界十如因果此華妙喻佛法界十如因果又以此華喻佛法界迹本兩門各有三喻喻迹者一華生必有於蓮爲蓮而華蓮不可見此譬約實明權意在於實無能知者二華開故蓮現而須華養蓮譬權中有實而不能知今開權顯實意須於權廣識恒沙佛法者秖爲成實使深識佛知見耳三華落蓮成即喻廢三顯一唯一佛乘直至道場菩

薩有行見不了了但如華開諸佛以不行故見則了了譬如華落蓮成此三譬迹門從初方便引入大乘終竟圓滿也又三譬譬本門者一華必有蓮譬迹必有本迹含於本意雖在本佛旨難知彌勒不識二華開蓮現譬開迹顯本意在於迹能令菩薩識佛方便既識迹已還識於本增道損生三華落蓮成譬廢迹顯本既識本已不復迷迹但於法身修道圓滿上地也此三譬本門始從初開終至本地二門六譬各有所擬初重約佛界十如施出九界十如次重開九界十如顯佛界十如三重廢九界十如成佛界十如三

譬攝得迹門始終盡若得此意十二因緣四諦三諦等智行位乃至功德利益亦用此譬譬之第四重約本佛界十如施出迹中佛界十如第五重開迹中佛界十如顯出本中佛界十如第六重廢迹中佛界十如成本中佛界十如始終圓滿開合具足是爲少分以蓮華爲譬也多分喻者從初種子乃至蓮成喻於妙法譬如石蓮烏皮在外白肉在內四微爲質卷荷欲生微細衆具開華布鬚蓮實房成初後不異蓮華始終十義具足譬佛界衆生始自無明終至佛果十如是法無有缺減總譬竟譬如石蓮黑則叵染硬則

亙壞。不方不圓。不生不滅。劫初無種故不生。今不異初故不滅。是名蓮子相。一切衆生自性淸淨心亦如是不爲客塵所染。生死重積而心性不住不動不生不滅。卽是佛界如是相。淨名云。一切衆生卽菩提相。卽其義也。譬如蓮子。雖復烏皮汙泥之中。白肉不改。一切衆生了因智慧亦復如是。五住淤泥生死果報一切智願猶在不失。是名佛界如是性。故言煩惱卽菩提。又諸法不生。般若生。卽其義也。譬如蓮子。在淤泥中。而四微不朽。是名蓮子體。一切衆生正因佛性。亦復如是。常樂我淨。不動不壞。是名佛界如是體。大經言是味眞正停留在山草木叢林不能覆滅即其義也譬如蓮子爲皮殼所籠爲泥所沒而卷荷在心有生長之氣一切衆生心亦如是雖爲苦果所縛集惑所沈而能於中發菩提心甚大雄猛如師子乳師子筋弦是名佛界如是力經言若發菩提心動無邊生死破無始有輪闇浮人未見果而能勇猛發心也譬如蓮子雖復微小爲皮之內具有根莖華葉鬚臺衆具頓足是名蓮子如是作一切衆生初發菩提心亦如是明解決定慈悲誓願上求下化誓取成就悉不疲退是名佛界如是作華首經云一切諸功德皆

在初心中。即其義也。譬如蓮子。根依淤泥。而華處虛空。風日照動。晝夜增長。榮耀頓足。一切衆生亦復如是。從無明際。發菩提心。修菩薩行。出離生死。入法性中。因行成就。値於佛日。被神通風。其心念念入薩婆若海。此名佛界如是因。經言。於無量劫所作功德。不如五莖蓮華上然燈佛。得功德多。此是眞因成就。即其義也。譬如蓮華。鬚蘂圍遶。在華內蓮外。此名蓮華如是緣。菩薩亦如是。於眞因中。具足萬行六波羅蜜。一行一切行。資助於因。如鬚在華內。若得果時。衆行休息。如鬚在蓮外。是名佛界如是緣。經言。盡行諸佛所有道法。即其義也。譬如蓮華。華成結蓮。而華葉零落。臺子成實。此名蓮子如是果。菩薩亦如是。眞因所感無上菩提。大果圓滿究竟成實。是名佛界如是果。經言。佛子行道已。來世得作佛。即其義也。譬如蓮實。房臺包蓮。此名蓮子如是報。菩薩亦如是。大果圓滿無上報足。習果之果。依於報果。如實依臺。經言。如是大果報。久修業所得。即其義也。譬如泥蓮四微處空蓮四微。初後不異。此名蓮子本末等。一切衆生亦如是。本有四德。隱名如來藏。修成四德。顯名爲法身性德修德。常樂我淨。一而無二。是名佛界本末究竟等。

經言。衆生如佛如。一如無二如。卽其義也。是用蓮華譬十如境竟。次用蓮華譬十二因緣者。烏皮汙泥水草重覆。卽是無明支。種子能生力。卽是行支。內有卷荷華鬚備具。卽是識名色六入觸受支。含潤愛取有支。團圓盤屈不能得出。卽老死支。若能芽鋒萠動鑽烏皮破。卽是無明滅。不復在烏皮內生。卽是諸行滅出殼。殼外。卽是老死滅。此略譬四種十二因緣也。譬四諦者。烏皮譬界內苦。白肉譬界內集。泥譬界外集。水譬界外苦。道滅可知。此通譬四種四諦也。譬二諦者。蓮藕莖葉等。譬俗。蓮藕莖孔空。譬眞。此通譬七種二諦也。譬三諦者。眞俗如前。四微擬常樂我淨。譬中道第一義諦。此通譬五種三諦也。四微無生無滅。譬一實諦。劫初無生。今時無滅。譬無諦無說也。用蓮華譬境妙竟。次譬九妙者。內有生性。譬智妙。卷荷生性。譬空智妙。鬚葉生性。譬假智妙。蓮臺四微生性。譬中智妙。此三生譬一心三智妙也。蓮子雖小。備有根莖葉華。譬行妙。莖即智慧。葉即慈悲。鬚即三昧。開敷即解脫。又葉譬三慈者。覆水靑葉。譬生緣慈。覆水黃葉譬法緣慈。倚葉譬無緣慈。倚荷若出。蓮生不久。無緣慈成。得記不久。又根莖子葉。利益人蜂。即檀。香氣即

尸生泥不辱即忍增長即精進柔濕即禪不汙即慧
齊此譬行妙也蓮譬理即位芽鑽皮麤住位芽出皮
細住位鑽泥欲定位齊泥未到位出泥在水四禪位
禪定如水能洗欲塵處水增長譬無色位齊此譬觀
行蓮華位出水譬破見思相似蓮華十信位處空合
而欲敷譬十住位鬚臺可識譬十行位隨日開迴譬
十向位敷舒成就荷負蜂蝶譬十地位鬚葉零落蓮
子獨在譬休息衆行妙覺圓滿果上無事眞常湛然
此皆譬位妙也蓮有四微譬眞性軌蓮房內虛莖藕
中空譬觀照軌臺房圍遶譬資成軌此譬三法乘妙

也。蓮成處空，影臨淸水，譬顯機顯應；影臨濁水，譬冥機冥應；影臨風浪之水，譬亦冥亦顯機應。大經云：闇中樹影，夜影臨水，譬非冥非顯機應。此等譬感應妙也。若風搖蓮華，東昂西倒，向南映北，下風則合，上風則開者，即譬東涌西沒，中涌邊沒等。此譬地動瑞。日暮華合，譬入定瑞。日出華開，譬說法瑞。遠望則紅，近望則白，赤華靑葉，相映輝赫，譬放光瑞。流芳徧野，譬栴檀風瑞。蘂粖飄颺，譬天華瑞。風雨飄灑，翻珠相棠，譬天鼓自鳴瑞。此等皆譬神通妙也。華合未開，譬隱一乘分別說三。華葉正開，譬會三歸一。但說一乘華落蓮存。譬絕教寘理。若知如來常不說法。乃名多聞。此等譬說法妙也。從一藕邊更生一華。展轉復生無量蓮華。譬業生眷屬妙。從蓮房墮子在泥更生蓮華。展轉復生無量蓮華。譬神通眷屬妙。掘移彼藕。採彼蓮子。種於此池蓮華熾盛。譬願生眷屬妙。彼池飛來如遊絲薄霧。入於此池蓮華熾盛。譬應生眷屬妙。魚鼈瞼喁其下。蜂蝶翔集其上。譬衆生果報淸涼之妙益。見者歡喜。譬於因益。採用其葉。譬三草益。採用其華。譬妙小樹益。採用其蓮。譬妙大樹益。採用其藕。譬妙實事益。此等譬功德利益妙也。次譬本者。譬如一池蓮華始熟。熟已墮落投於泥水。方復生長。乃至成熟。如是展轉更生熟。歲月既積。遂徧大池。華田布滿。佛亦如是。本初修因。證果已竟。爲衆生故。更起方便。在生死中。示初發心。復示究竟。數數生滅。無數百千。本地垂應。俯同凡俗。更修五行。爲蓮更生莖葉。譬更修聖行。四微稍稍增長。譬更修天行。荷葉始生。譬更修梵行。蓮子墮泥。譬同諸惡。更修病行。蓮芽始萌。譬同小善。更修嬰兒行。如是三世益物。不可稱計。徧滿法界。無非分身。垂迹開迹廢迹等益。若非蓮華。何由徧喻。上求諸法。法譬雙辨。故稱妙法蓮華也。

次釋通名者。經一字也。梵云薩達磨分陀利修多羅。薩達磨此翻妙法。分陀利此翻蓮華。已如上釋。修多羅或云修單蘭。或云修妬路。彼方楚夏。此土翻譯不同。或言無翻。或言有翻。釋此為五。一明無翻。二明有翻。三和融有無。四歷法明經。五觀心明經。言無翻者。彼語多含。此語單淺。不可以單翻複。應留本音。而言經者。開善云非正翻也。但以此代彼耳。此間聖說為經。賢說子史。彼聖稱經。菩薩稱論。既不可翻。宜以此代彼。故稱經也。而含五義。一法本。亦云出生。二微發。亦云顯示。三涌泉。四繩墨。五結鬘。今秖作五義不可翻於一中作三三五十五義言法本者。一切皆不可說以四悉檀因緣則有言說世界悉檀說則爲教本爲人對治則爲行本第一義悉檀則爲義本言教本者。金口所說一言爲本派出無量言教若通若別當時被物聞即得道故經言。一一修多羅復有無量修多羅以爲眷屬若後人不解菩薩以佛教爲本作通論別論申通別經令佛意不壅尋者得道良由其論有本故也諸外道等雖有所說不與修多羅合戲論無本不能得道經是行本者示人無諍法導達通塞開明眼目救治人病如教修行則起通別諸行從此至彼入清涼池至甘露地泥洹眞法寶衆生從種種門入故知經是行本經是義本者尋一句詮於一義尋無量句詮無量義或尋一句詮無量義尋無量句詮於一義若通若別尋詮會入故經是義本束此三種爲法門者教本卽是聞慧行本卽是思慧義本是修慧見眞法本之義尚已多含故不可翻也或言出生例此可知又教微發行微發義微發教涌泉行涌泉義涌泉教繩墨行繩墨義繩墨結教如鬘結行如鬘結義如鬘令不零落具如全帙又經者訓常天魔外道不能改壞名爲教常眞正無雜無能踰過名爲

行常湛然不動決無異趣名爲理常。又訓法者。法可軌。行可軌。理可軌。直釋訓已含六義。況梵言重複而可單翻耶。二言有翻者。亦爲五。一翻爲經。經由爲義。由聖人心口故。今亦隨而釋之。謂一切修多羅一切通別論。一切疏記等。皆由聖人心口。是名教由。一切契理行。一切相似行。一切信行法行。皆由聖人心口。故以行爲由。一切世間義。一切出世義。一切方便義。一切究竟義。皆由聖人心口。故以義爲由。教由世界。行由爲人對治。義由第一義。又經者緯義。如是絹經以緯織之。龍鳳文章成。佛以世界悉檀說經。菩薩以世界緯織。經緯合故賢聖文章成。慧行爲經。行行爲緯。經緯合故。八正文章成。詮眞爲經。詮俗爲緯。經緯合故。二諦文章成。二翻爲契者。契緣。契行。契理。三翻法本。如前釋。四翻線者。線貫持教行理。又縫教縫行縫理。五翻善語教。亦是善行教。亦是善理教也。三和融有無具在金帙。四歷法明經者。舊用三種。一用聲爲經。如佛在世。金口演說。但有音聲詮辯。聽者得道。故以聲爲經。大品云。從善知識所聞也。二用色爲經。若佛在世。可以聲爲經。今佛去世。紙墨傳持。應用色爲經。大品云。從經卷中聞。三用法爲經。內自思惟。心與法合。不由他教。亦非紙墨。但心曉悟。即法爲經。故云。修我法者。證乃自知。三塵爲經。施於此土耳。識利者。能於聲塵分別取悟。則聲是其經。若意識利者。自能研心思惟取決。法是其經。眼識利者。文字詮量而得道理。色是其經。餘三識鈍。鼻嗅紙墨。則無所知。身觸經卷。亦不能解。舌噉文字。寧別是非。若他土亦用六塵。亦偏用一塵。問。根利故於塵是經。鈍者塵則非經耶。答。六塵是法界。體自是經。非根利取。方乃是經。何者。大品云。一切法趣色。是趣不過。此色能詮一切法。如黑墨色。一畫詮一。二畫詮二。三畫詮三。豎一畫則詮王足右畫則詮丑足左畫則詮田出上詮由出下詮申如是廻轉詮不可盡或一字詮無量法無量字共詮一法無量字詮無量法一字詮一法於一黑墨小小廻轉詮量大異左廻詮惡右廻詮善上點詮無漏下點詮有漏殺活與奪毀譽苦樂皆在墨中更無一法出此墨外畧而言之黑墨詮無量教無量行無量理黑墨亦是教本行本理本黑墨從初一點至無量點從點至字從字至句從句至偈至卷至部又從點字句中初立小行後著大行又從點字句中初見淺理後到深理是名黑墨三種微發乃至三涌泉

三繩墨三結鬘等又色是由由色故縛有六道生死由色故脫有四種聖人又色訓法法色故能成教行理又色是常色教不可破色行不可改色理不可動又色不可翻色義多含故又色可翻名色為經故見色經時知色愛見知色因緣生法知色即空即假即中色即法界總含諸法法界文字文字即空無點無字無句無偈句偈文字畢竟不可得是名知字非字非字亦字墨色是經為法本者若於墨字生瞋斷他壽命若於墨字起愛而作盜婬乃至於墨起癡而生邪見當知墨字是四趣本若於墨字生慈生捨乃至

生正見者是人天本若知罣字是果報無記無記是
苦諦於報色生染即集諦知字因緣所成苦空無我
是道諦既知字非字不生字倒諸煩惱滅即滅諦知
字四諦能生煩項若向若果賢聖解脫當知罣字是
聲聞本若於字不了名無明起愛恚是諸行分別字
好醜是識識於字名名色字涉於眼名六入字塵對
根名觸領納染著是受纏縣不捨是愛竭力推求是
取取則成業名有有能牽果是名生老病死苦輪不
息若能知字非字無明即滅不至於行乃至不至老
死當知罣字是支佛本若知字即空非滅已空字性

本空空中無愛恚乃至無邪正。字不可得知字者誰。云何衆生妄生取捨。起慈悲誓願行六度濟衆生。入如實際。亦無衆生得滅度者。當知此字是菩薩本。若知字非字。非字非非字。無二邊倒名淨。淨則無業名我。我則無苦名樂。樂則無生死名常。何以故。字是俗諦。非字是眞諦。非字非非字。是一實諦。一諦卽三諦三諦卽一諦。是名境本。若知墨字。從紙筆心手和合而成。一一字推不得一字。一一點推亦不得字。則無所。不得心手。卽不得能。無能無所。知能所誰。是一切智本。字雖非字。非字而字。從心故有點。從點有字。有句有偈有行有卷有帙有部有藏從藏有種種分別是道種智本雖非字非非字而雙照字非字是一切種智本雪山爲八字捨所愛身是爲行本我解一句乃至半句得見佛性入大涅槃卽是位本我得三菩提皆由聞經及稱善哉字卽乘本若忘失句逗遷合通利與其三昧及陀羅尼卽感應本依文學通卽神通本依字故得語卽說法本說字教他卽眷屬本勤學此字祿在其中卽利益本如此解字手不執卷常演是經口無言聲徧誦衆典佛不說法恒聞梵音心不思惟普照法界如此學問豈不大哉當知黑字是

諸法本青黃赤白。亦復如是。非字非非字。雙照字非字。不可說非不可說。不可見非不可見。何所簡擇。何所不簡擇。何所攝。何所不攝。何所棄。何所不棄。是則俱是。非則悉非。能於黑色通達一切。非於一切非通達一切。是通達一切非非非是。一切法邪。一切法正。若於黑色不如是解。則不如字與非字。黃赤白青。有對無對。皆不能知。若於黑色通達知。餘色亦如是。此即法華經意以色為經也。聲香味觸等亦復如是。文云。一切世間治生產業。皆與實相不相違背。即此意也。外入皆經周徧法界者。內入亦如是。內外入亦如是經云非內觀得解脫亦不離內觀是則一塵達一切塵不見一塵一切塵通達一塵一切塵於一識分別一切識亦不見一識一切識而通達一識一切識自在無礙平等大慧何者是經何者非經若欲細作於一一塵識例可解有翻無翻以三義織之後用三觀結之歷諸教分別經者若言理絕文字文字是世俗寄字詮理理可是經文字非經六塵等皆是經詮非正經也此即三藏中經耳若無離文字說解脫義文字性離即是解脫六塵即實相無二無別如上所說者圓教中經也帶三方便作此說者方等中經也

帶二方便作此說者般若中經也帶一方便作此說者華嚴中經也五明觀心經者類上爲四一類無翻者心含善惡諸心數等當知此心諸法之都何可定判若惡是心心不含善及諸心數若善是心心不含惡及諸心數不知何以目心以略代總故知略心能含萬法況不含五義耶華嚴云一微塵中有大千經卷即其義也心是敎本行本理本等例可解二類有翻明觀者心即是由一切語言由覺觀心一切諸行由於思心一切義理由於慧心經云諸佛解脫當於衆生心行中求心是經緯以覺爲經以觀爲緯織成

言語又慧行心爲經行行心爲緯織成衆行心竪緣理爲經心橫緣理爲緯織成義理又觀境爲經觀智爲緯觀察迴轉織成一切文章又心即是契觀慧契境是契緣契樂欲心爲契教契便宜對治心爲契行契第一義心爲契理心爲法本爲線可知心爲善語教者法之與語俱通善惡今以善法善語定之心之與觀亦通善惡今以善心善觀定之即是善語教善行善理心是可軌者若無觀則無規矩以觀正心王心王正故心數亦正行理亦爾心王契理數亦契理故名可軌也心常者心性常定猶如虛空誰能破者

又慧覺不能壞善覺。邪行不干正行。邪理不壞正理。故心名常。隨諸事釋。一一向心爲觀。觀慧彌成。於事無乖。如火益薪。事理無失。即文字無文字。不捨文字而別作觀也。三類通有無明觀可解。四類歷法明觀者。若小乘明惡中無善。善中無惡。事理亦然。此則惡心非經則無多含之義。若大乘觀心者。觀惡心非惡心。亦即惡而善。亦即非惡非善。觀善心非善心。亦即善而惡。亦非善非惡。觀一心即三心。以此三心歷一切心。歷一切法。何心何法而不一三。一切法趣此心。一切心趣此法。如此觀心爲一切語本行本理本。有翻五義無翻五義。一一於心解釋無滯徧一切心無不是經。大意可領不俟多記也。

第二顯體者。前釋名總說。文義浩漫。今頓點要理。正顯經體。直辨眞性。眞性非無二軌。欲令易解。是故直說。後顯宗用。非無初軌。偏舉當名耳。體者。一部之指歸。衆義之都會也。非但會之至難。亦乃說之不易。文云。是法不可示。言辭相寂滅。大經云。不生不生不可說。又云。有因緣故。亦可得說。今略開七條。一正顯經體。二廣簡僞。三一法異名。四入體之門。五徧爲衆經體。六徧爲諸行體。七徧爲一切法體。一正顯體者。何意須用此體釋論云諸小乘經若有無常無我涅槃三印印之卽是佛說修之得道無三法印卽是魔說大乘經但有一法印謂諸法實相名了義經能得大道若無實相印是魔所說故身子云世尊說實道波旬無此事此大小印印半滿經外道不能雜天魔不能破如世文符得印可信當知諸經畢定須得實相之印乃得名爲了義大乘今正顯體卽一實相印也三軌之中取眞性軌十法界中取佛法界佛界十如中取如是體四種十二因緣中取不思議不生不滅十二支中取苦道卽法身四四諦中取無作四諦於

無作中。唯取滅諦。七種二諦中。取五種二諦。五二諦中。唯取眞諦。五三諦中。取五中道第一義諦。諸一諦中取中道一實諦。諸無諦中取中道無諦。若得此意就智妙中簡。乃至十妙。一一簡出正體。例可知也。譬如梁柱綱紀一屋。非梁非柱。卽屋內之空。柱梁譬因果。非梁非柱。譬實相。實相爲體。非梁柱也。屋若無空無所容受。因果無實相。無所成立。釋論云。若以無此空。一切無所作。又譬如日月綱天。公臣輔主。日月可二。太虛空天不可二也。臣將可多。主不可多。爲此義故須簡出正體。如三軌成乘。不縱不橫。不卽不離。顯示義便須簡觀照等。唯指眞性當名。正意分明。三軌旣然。餘法例爾。故序品云。今佛放光明。助顯實相義。又云。諸法實相義。已爲汝等說。方便品云。唯佛與佛乃能究盡諸法實相。偈云。諸佛法久後。要當說眞實。又云。我以相嚴身。爲說實相印。法師品云。開方便門示眞實相。安樂行云。觀諸法如實相。壽量云。如來如實知見。普賢觀云。昔於靈山廣說一實之道。又云。觀於一實境界。故知諸佛爲一大事因緣出現於世。秖令衆生開佛知見。見此一實非因非果之理耳。二廣簡僞。三一法異名。具在全帙。四明入實相門者。夫實相幽微其理淵奧如登絕壑必假飛梯欲契眞源要因教行故以教行爲門下文云以佛教門出三界苦佛子行道已來世得作佛門名能通此之謂也畧爲四意一畧示門相二示入門觀三示麤妙四示開顯一示門相者夫佛法不可宣示赴緣說者必以四句詮理能通行人入眞實地大論云於如是法說第一義悉檀所謂一切實一切不實一切亦實亦不實一切非實非不實如是皆名諸法之實相實相尚非是一那得言四當知四是入實相門耳又云四門入清涼池是門無礙非唯利者得入鈍者亦得入非唯定

者散心專志精進者亦得入又云般若有四種相所謂有相無相乃至非有非無相般若尙非一相云何四相當知亦是入般若門也又云般若波羅蜜譬如大火燄四邊不可取邪見火燒故若不觸火溫身熟食若觸火者火則燒身身既被燒溫食無用四門本通般若除煩惱辦大事若取著者則成邪見燒於法身法身既燒四門通何等若不觸火門則能通也若以佛教爲門者教略爲四若於一教以四門詮理卽是四門四四合十六門若以行爲門者稟教修觀因思得入卽以行爲門藉教發眞則以教爲門若初聞

教如快馬見鞭影即入正路者不須修觀若初修觀
如夜見電光即得見道者不更須教並是往昔善根
淳熟今於教門得通名爲信行於觀門得通名爲法
行若聞不即悟應須修觀於觀悟者轉成法行若修
觀不悟更須聽法聽法得悟轉名信行教即爲觀門
觀即爲教門聞教而觀觀教而聞教觀相資則通入
成門教觀合論則有三十二門此語其大數耳細尋
於門實有無量經云說種種法門宣示於佛道今且
約四教明十六門相謂藏通別圓各具有門空門亦
有亦空門非有非空門具如全帙尋之二示入門觀

者能通教門大爲十六所通之理但是偏圓兩眞前八門同入偏眞後八門同入圓眞但有巧拙偏直之異就一一門各具信法二行信行聞說即悟此心疾利得道方法雖可示人且約法行觀門即爲十意一識所觀境二眞正發心三遵修定慧四能破法徧五善知通塞六善用道品七善用對治八善知位次九善能安忍十法愛不生具在全帙須細尋之三示麤妙四示開顯俱不暇錄可以意得第五實相爲諸經作體者且此一經體名前後同異方便品中云諸佛一大事因緣開佛知見無上道實相印等譬喻品中

以大車譬一大乘信解中名付家業藥草中名一切
智地最實事化城中名寶所授記中名繫珠法師中
名秘密藏寶塔中名平等大慧壽量中名非如非異
神力中名秘要之藏妙音中名普現色身三昧觀音
中名普門勸發中名植衆德本如是等異名不同其
義亦異理極眞實以實爲相故名實相靈知寂照名
佛知見三世諸佛唯用此自行化他故言大事因緣
處通名道正定諸法名實相印運載名乘成辦佛事
名家業一切所依名智地諸法之元故名寶所圓妙
難思故言寶珠無所積聚而含衆法名秘藏秘要通

達無礙名平等大慧遮於二邊名非如非異妙色自在故言普現三昧入實之由故名普門諸法由生故言德本如是名義差別體即實相次明諸經異名或眞善妙色或畢竟空或如來藏或中道等不可具載皆是實相別稱悉是正印各稱第一又衆經半滿大小之殊體有傍正正即實相傍即偏眞偏眞或時含實相實相或時帶偏眞而通稱實相故中論云實相三人共得共得者即偏眞也大經云聲聞之人但見於空空即傍也智者見空及與不空不空即正也此經云我等昔日同入法性法性即傍也今日安住實

智中。實智中卽正也。小乘三法印。傍也。通教帶傍明正。別圓但明於正。不復論傍。若約五味。乳惟論正。酪惟論傍。二酥傍正相兼帶。醍醐惟正。又正實相。多諸名字。約名字中。復論傍正。勝鬘以自性淸淨爲正。餘名爲傍。華嚴以法身爲正。般若以一切種智爲正。涅槃以佛性爲正。此經以實相一乘爲正。餘名爲傍。此則非傍非正論傍正。傍正悉是經體。麤妙開顯可知。

第六諸行體。第七偏爲一切法體。具如全帙。

第三明宗。宗者修行之喉衿。顯體之要蹊。如梁柱持屋。結綱提綱。維提維則目動。梁安則桷存。釋宗爲五。

一簡宗體二正明宗三衆經同異四明麤妙五結因果簡宗體者有言宗即是體體即是宗今所不用何者宗致既是因果因果即二體非因非果體即不二體若是二二體即非體宗若不二宗即非宗如梁柱是屋之綱維屋空是梁柱所取不應以梁柱是屋空屋空是梁柱宗體若一其過如是又宗體異者則二法孤調宗非顯體之宗則邪倒無印體非宗家之體則體狹不周離法性外別有因果宗體若異其過如是今言不異而異約非因非果而論因果故有宗體之別耳普賢觀云大乘因者諸法實相大乘果者亦諸

法實相即其義也當知實相體通而非因果行始辨因行終論果譬如銅體非始非終擬鑄爲像即名像始治瑩悉畢即名像終若識此喻不即不離宗義明矣二正明宗者此經始從序品訖安樂行品破廢方便開顯眞實佛之知見亦明弟子實因實果亦明師門權因權果文義雖廣撮其樞要爲成弟子實因因正果傍故於前段明迹因迹果也從涌出品訖勸發品發迹顯本廢方便之近壽明長遠之實果亦明弟子實因實果亦明師門權因權果而顯師之實果果正因傍故於後段明本因本果合前因果共爲經宗

意在於此所以經分二文論本論迹雙題法譬舉蓮
舉華師弟權實總在其間也三衆經因果同異者今
經迹中師弟因果與衆經有同有異本中師弟因果
衆經所無正以此之因果為經妙宗也四麤妙開顯
如全帙五結成者夫經說因果正為通益生法行人
若開權顯實正令七種方便生身未入者入傍令生
法二身已入者進若說壽量長遠傍令生身未入者
入正令生法已入者進神力品云如來所有一切甚
深之事者非因非果是甚深之理因果是甚深之事
從七種方便初得入圓登銅輪位名之為因乃至餘

有一生在。若轉一生。即得妙覺名之爲果。從二住至
等覺。中間名爲亦因亦因因。亦果亦果果。用無礙道
伏一分無明名之爲因。用解脫道斷一分無明。名之
爲果。約此解脫復修無礙。故云因因。從此無礙復得
解脫故言果果。初住見眞以眞爲因。住前相似非是
眞因。若取性德爲初因者。彈指散華是緣因種。隨聞
一句是了因種。凡有心者。是正因種。此乃遠論性德
三因種子。非是眞實開發。故不取爲因也。
第四明用者。用是如來之妙能。此經之勝用。如來以
權實二智爲妙能。此經以斷疑生信爲勝用。秪二智

能斷疑生信生信斷疑由於二智約人約法左右互論耳前明宗就宗體分別使宗體不濫今論用就宗用分別使宗用不濫何者宗亦有用用亦有宗宗用非用用用用非宗用用宗非宗宗宗宗非用宗宗用者因果是宗因果各有斷伏爲用用有宗者慈悲爲用宗斷疑生信爲用用若論於宗且置斷伏但論因果今明於用但論斷疑生信且置慈悲若得此意則知權實二智能斷疑生信是今經之大用矣諸經不純明佛智慧不發佛自應迹不正破二乘果不斷生身菩薩之違疑起其遠信不顯本地增法身菩薩大

念佛之道損界外之生如此力用衆經所無今經具之所以命章不論二乘菩薩等智純顯佛之微妙智慧不開九法界知見純開衆生佛之知見餘經但道佛所變化是迹不道佛身自是迹今經自道佛身是迹其餘變化寧得非迹今經正破廢化城二乘之果況其因行耶又破禀方便教菩薩執迹爲極今皆發廢悉稱是權迹及中間諸疑悉斷起於深遠不思議信又顯本地眞實功德令法身菩薩得大利益始自初阿終鄰後茶抹十方那由他土爲塵數增道菩薩不能令盡蓋由如來兩權實二智一味之雨普等四

方俱下者。一切諸四門俱破也。充足求於具足道者。斷其深疑。起其大信。令入一圓因。控摩訶衍車遊於四方。直至道場。大用大力。妙能妙益。猶自未盡。蓋藏通以二智斷四住之疑。生偏眞之信。淨名雖彈斥二乘及偏行菩薩。亦是界內斷疑生信。不能令小乘及方便菩薩斷大疑生大信。大品通意亦是界內疑斷信生。別意雖在界外。亦未斷近疑生遠信。華嚴正意斷界外疑。生於圓信。亦未斷近生遠。故權實名雖復通用而力大異。今經用佛菩提二智斷七種方便最太無明。同入圓因。破執近迹之情。生本地深信。乃至

等覺亦令斷疑生信如是勝用豈同衆經耶
第五釋教相者佛於無名相中假名相說說餘經典各赴緣取益如華嚴初逗圓別之機高山先照直明次第不次第修行住上地上之功德不辨如來說頓之意若四阿含遍說無常知苦斷集證滅修道不明如來曲巧施小之意若諸方等折小彈偏褒圓歎大慈悲行願事理殊絕不明並對訶讚之意若般若共則三人同入別則菩薩獨進廣歷陰入盡淨虛融亦不明共別之意若涅槃在後略斥三修粗點五味亦不委說如來置教原始要結之終凡此諸經皆是逗

會他意令他得益不譚佛意意趣何之今經不爾絓是法門綱目大小觀法十力無畏種種規矩皆所不論爲前經已說故但論如來布施之元始中間取與漸頓適時大事因緣究竟終訖當知此經唯論設教大綱不委微細綱目譬如算者初下後除紀定大數不存斗斛秖爲深論佛教妙說聖心近會圓因遠申本果所以疑請不已若能精知教相則識如來權實二智也教相者大綱三種一頓二漸三不定釋此三教各作二解一約教門二約觀門教門爲信行人又成聞義觀門爲法行人又成慧義聞慧具足如人有

目日光明照見種種色先約教者若華嚴七處八會之說譬如日出先照高山淨名中唯嗅薝蔔大品中說不共般若法華云但說無上道又始見我身聞我所說即皆信受入如來慧若遇衆生盡教佛道涅槃云雪山有草名爲忍辱牛若食者即得醍醐又云我初成佛恒沙菩薩來問是義如汝無異諸大乘經如此意義類例皆名頓教相也非頓教部也二漸教相者如涅槃云從佛出十二部經從十二部出修多羅從修多羅出方等從方等出般若從般若出涅槃如此等意即漸教相也又始自人天二乘菩薩佛道亦

是漸也。又中間次第入。亦是漸也。三不定教者。此無別法。但約頓漸。其義自明。大經云。置毒乳中。乳卽殺人。酪酥醍醐亦能殺人。此謂過去佛所。常聞大乘實相之教。譬之以毒。今値釋迦聲教。其毒卽發。結惑人死。如提謂波利。但聞五戒。不起法忍。三百人得信忍。四天王得柔順忍。皆服長樂之藥。佩長生之符。住於戒中見諸佛母。卽乳中殺人也。酪中殺人者。如智度論云。教有二種。一顯露教。二秘密教。顯露者。初轉法輪。五比丘及八萬諸天得法眼淨。若秘密教。無量菩薩得無生法忍。此是毒至於酪而殺人也。生酥中殺人者有諸菩薩於方等大乘教得見佛性住大涅槃即其義也熟酥殺人者有諸菩薩於摩訶般若教得見佛性即其義也醍醐殺人者如涅槃教中鈍根聲聞開發慧眼得見佛性乃至鈍根緣覺菩薩七種方便皆入究竟涅槃即其義也是名不定教相非不定部二約觀門者一圓頓觀從初發心即觀實相修四種三昧行八正道即於道場開佛知見得無生忍如牛食忍草即得醍醐其意具在止觀二漸次觀從初發心為圓極故修阿那波那十二門禪如雜血乳次修六妙門十六特勝觀練熏修等乃至道品四諦觀

等如清淨乳。十二緣觀如酪。四弘誓願六波羅蜜如生酥。別菩薩行。如熟酥。次修自性禪入一切禪乃至清淨淨禪。此諸法門。能見佛性。住大涅槃眞應具足名醍醐行。三不定觀者。從過去佛。深種善根。今修證十二門。豁然開悟。得無生忍。即是毒在乳中殺人。乃至坐禪修自性等禪正觀學無作四聖諦行法華般舟等四種三昧。豁然心悟得無生忍。即是醍醐行中殺人也。如此五味不離半滿。半滿不離五味。五味半滿相成。若華嚴頓滿大乘家業。但明一實。不須方便。唯滿不半。於漸成乳。三藏客作。但是方便。唯半不滿

於漸成酪方等彈訶則半滿相對以滿斥半於漸成
生酥大品領教帶半論滿半則通爲三乘滿則獨爲
菩薩於漸成熟酥法華付財廢半明滿若無半字方
便調熟鈍根則亦無滿字開佛知見於漸成醍醐如
來殷勤稱歎方便者半有成滿之功意在此也但半
滿五味旣通約諸經諸經不同今當辨其開合若華
嚴正隔小明大於彼初分永無聲聞後分則有雖復
在座如聾如瘂非其境界爾時尚未有半何所論合
次開三乘引接小機令斷見思則以小隔大旣不論
滿何所可合若方等教或半滿雙明或半滿相對或

以滿彈半。稟半聞滿。雖知恥小。猶未入大。故云止宿草菴。下劣之心猶未能改。則半滿不合。般若以滿洮練於半。命領家業。明半方便。通入無生。半字法門。皆是摩訶衍。是合其法。而不希取一餐之物。即是未合其人。是故半滿不合。若至法華。覺悟化城。云非眞實。汝等所行。是菩薩道。即是合法。汝實我子。即是合人。人法俱合。自鹿苑開權。歷經諸教。來至法華。始得合實。然聲聞有二種。一秘密合。二顯露合。秘密合者。初爲提謂說五戒法。已有密悟無生忍者。況修多羅方等般若。豈無密悟。此則不論。若就顯露。未入位聲聞。

亦隨處得合例如般若三百比丘得記者是也若住果聲聞決至法華敎信令合若住果不合是增上慢未入位五千僧衆起去到涅槃中方復得合總就諸教通作四句華嚴三藏非合非不合方等般若一向不合法華一向合涅槃亦合亦不合何者涅槃爲末代更開諸權引後代鈍根故言亦不合也夫五味半滿論別別有齊限論通通於初後若華嚴頓乳別但在初通則至後故無量義云次說般若歷劫修行華嚴海空法華會入佛慧卽是通至二經又像法決疑經云今日坐中無央數衆各見不同或見如來入涅

槃。或見如來住世一劫若滅一劫若無量劫。或見如來丈六之身。或見小身。或見大身。或見報身。蓮華藏世界海。爲千百億釋迦牟尼佛。說心地法門。或見法身同於虛空無有分別。無相無礙徧同法界。或見此處山林地土沙。或見七寶。或見此處乃是三世諸佛所行之處。或見此處。卽是不可思議。諸佛境界。眞實之法。夫日初出。先照高山。日若垂沒。亦應餘暉峻嶺、故蓮華藏海、通至涅槃之後、況前教耶。若修多羅半酪之教。別論在第二時。通論亦至於後。釋論云。從初鹿苑。至涅槃夜。所說戒定慧。結爲修妬路等藏。當知、三藏通至於後。若方等半滿相對。生酥教別論是第三時。通論亦至於後。陀羅尼云。先於王舍城。授諸聲聞記。今復於舍衞國祇陀林中。復授聲聞記。故知方等至法華後。般若帶半論滿。熟酥教別論在第四時。通論亦至初後。何者從得道夜。至泥洹夜。常說般若。若涅槃醍醐滿教。別論在第五時。通論亦至於初。釋論云。從初發心。常觀涅槃行道。前來諸教。豈無發心菩薩觀涅槃耶。大經云。我坐道場菩提樹下。初成正覺。爾時無量阿僧祇恒沙世界菩薩。亦曾問我是甚深義。然其所問句義。亦皆如是。等無有異。如是問者。

則能利益無量衆生此則逼至於前若法華顯露邊論不見在前秘密邊論理無障礙故身子云我昔從佛聞如是法見諸菩薩授記作佛豈非證昔逼記之文

記者私錄云八言第二時十二年中說三乘別教若爾過十二年有宜聞四諦十二因緣六度豈可不說若說則三乘別教不止在十二年中若不說則一段在後宜聞者佛豈可不化也定無此理經言爲聲聞說四諦乃至說六度不止十二年蓋一代中隨宜聞者即說耳如四阿含經五部律是爲聲聞說乃訖於

聖滅即是其事何得言小乘悉十二年中也人言第三時三十年中說空宗般若維摩思益依何經文知三十年也言四十年後說法華一乘法華經中彌勒言佛成道來始過四十餘年然不可言法華定在大品經後何故大智論云須菩提於法華中聞說舉手低頭皆得作佛是以今問退義若爾大品與法華前後何定也然大品法華及涅槃三教淺深難可輒言何者涅槃佛性亦名般若亦名一乘一乘是法華之宗般若是大品所說即是明性復有何未了乎大品中說第一義空與涅槃經明空無異皆云色空乃至

大涅槃亦空。又大品說涅槃非化。維摩說佛身離五
非常。與涅槃明常說涅槃不空有何異而自生分別。
言維摩偏詺明常。大品一向說空也。又若從法華後
入涅槃者。法華經中已明王宮非始。久來成道。何由
涅槃中方引道樹始成執實為疑。故知為一段衆生
最後聞常者涅槃經。聞法華者不假聞涅槃也。復應
當知。諸大乘經指歸不殊。但隨宜為異。如華嚴無量
義法華皆三昧名。般若是大智慧。維摩說不思議解
脫。是解脫。大涅槃是究竟滅。文殊問菩提是滿足道。
悉是佛法。法無優劣。於中明果皆是佛果明因皆是

地行明理皆是法性所爲皆是菩薩旨歸不當有異人何爲强作優劣然依經按論略唯二種謂聲聞藏及菩薩藏也教必對人人別各二聲聞藏中有決定聲聞及退菩提心聲聞菩薩藏中有頓悟大士有漸入菩薩決定聲聞一向住小退心聲聞後能趣大雖有去有住而受小時一故對此二人所說爲聲聞藏菩薩雖有頓漸不同然受大處一故對此二人所說爲菩薩藏也然此二藏隨所爲隨所說聲聞藏中有菩薩爲影響然非所爲不可從菩薩名作大乘經菩薩藏中亦有聲聞人非正所爲宗不說聲聞法故不

可名爲小乘法。擬人定法各自不同。是以要而攝之畧唯二也。今開分之判爲四教。聲聞藏卽三藏教。菩薩藏卽通別圓教。爲決定聲聞說三藏教。爲退大聲聞說通教。爲漸悟菩薩說別教。爲頓悟菩薩說圓教非唯名數易融。而義意玄合。今古符契。一無二焉。唯文畧而義廣。教一而蔽諸。若中隱以使顯。須多作論義。如捕獵川澤。饒結筌罺。豈魚獵者好博耶。不得已而博耳。

妙法蓮華經玄義節要卷下

妙玄節要跋

一字法門。海墨書而不盡。九旬譚妙。奚足云多。且九旬之中。縱四辯以宣揚。文義何限。章安所記。亦自畧矣。豈容更刪節耶。特以末世鈍根。畏繁樂簡。望妙玄而如海。甘蛙守而不前。致使無上醍醐。畢世罔沾一滴。良可痛也。竊聞大智度論千卷。羅什十倍略之。而摩訶止觀全書。荆溪亦復錄其大意。因倣厥旨。輯為節要二卷。庶幾易於染指。漸充法味。然後徧討玄文。深證法華三昧。則斯舉也。未必非循循善誘之一術也。若乃守節要為已足。而終

置玄文於不探則予固智者章安之罪人而彼又

予之罪人矣庚辰仲夏二十有六日智旭謹識

福德因緣堂敬刋此書上下卷施資八十五千八百六十文連圈計字五萬三千六百六十箇

國家圖書館出版品預行編目資料

妙法蓮華經玄義節要 / 天台智者大師說；章安尊者灌頂記；蕅益比丘智旭節. -- 1 版. -- 新北市：華夏出版有限公司, 2023.06

面； 公分. --（圓明書房；016）

ISBN 978-626-7296-20-2（平裝）

1.CST：法華部

221.51 112004233

圓明書房 016

妙法蓮華經玄義節要

解　說　天台　智者大師
紀　錄　章安尊者　灌頂
節　錄　蕅益比丘　智旭
印　刷　百通科技股份有限公司
電話：02-86926066　傳真：02-86926016
出　版　華夏出版有限公司
220 新北市板橋區縣民大道 3 段 93 巷 30 弄 25 號 1 樓
電話：02-32343788　傳真：02-22234544
E-mail：pftwsdom@ms7.hinet.net
總經銷　貿騰發賣股份有限公司
新北市 235 中和區立德街 136 號 6 樓
電話：02-82275988　傳真：02-82275989
網址：www.namode.com
版　次　2023 年 6 月 1 版
特　價　新台幣 380 元（缺頁或破損的書，請寄回更換）

ISBN：978-626-7296-20-2